JN160781

はしがき

　本書は，初めての方でも英文契約書の実務の基礎や知識をコンパクトに把握して日常のお仕事などに役立てていただくことを目的としたものです。また本書は，「初めての実務」シリーズで，既刊の『初めての人のための契約書の実務』に続くシリーズとして企画・刊行されました。同書の第2版も本書と同時に刊行されます。

　英文契約書は元来複雑で長々と書かれており，残念ながら仕事の中では「嫌われ者」（できれば避けたい存在）になってしまっています。そうした「英文契約書アレルギー」を解消していただき，「順を追って学んでいけば決して難しいものではない」と自信を持っていただくために本書は易から難へ効果的に学べるように工夫されています。

　英文契約書の考え方は，性悪説が前提でドラフトされており，予想される紛争のすべてに対する解決策を合意しておくことを目的としています。したがって英文契約書は長文になることが多いのですが，最近では，こうした英文契約書のリスク管理の考え方が日本語の契約書へも影響を与えています。英文契約書の諸条項からは「ここまで書いておくべきでは」と学ぶところが多いのです。

　こうした思いの中，比較しながら両方を効果的に学んでいただけるという気持ちで，日本語の契約書と英文契約書の2冊の入門書を同時刊行するに至りました。いずれも私の過去35年間の実務経験を活かしたものです。本書の企画・編集では露本敦氏に大変お世話になりました。難しいと思われる2つの横綱へ正面から取り組んで金星を挙げていただきたく読者諸賢に期待しています。

　　平成28年2月21日

　　　　　　　　　　　　　　　　　　　　芝綜合法律事務所オフィスにて

　　　　　　　　　　　　　　　　　　　　　　　　牧野　和夫

目　次

第1章　英文契約書の基本を効果的に学ぶ

1　**本当は決して難しくない英文契約書** ─── 10
　①先入観を捨て去ろう／10　②性悪説が基本の考え方／11
　③難しい表現は「漏れ」を作らないため／12
　④英語が苦手でも大丈夫／12

2　**英文契約書締結の目的** ─── 13

3　**英文契約書の成立要件・効力・種類** ─── 14
　①英文契約書の成立と有効であるための要件／14
　②有効な契約の効果／14

4　**英文契約書の分類** ─── 17
　①契約には2つのパターンがある／17
　②約款型における契約当事者間の「書式の争い」／18

5　**英文契約書の条文の読み方** ─── 20
　①5Ｗ1Ｈを押さえる／20　②5つの文型を押さえる／20
　③契約書のスタイル（契約書の雛形が採る書式）／21

6　**英文契約書の種類と形式** ─── 27
　①基本契約書と個別契約書との関係／27
　②正式（最終）契約書と覚書／28
　③レター・オブ・インテントは合意事項の確認書類／28
　④契約変更と覚書／30　⑤差し入れ方式と約款方式／31
　⑥日付と発効日／31　⑦印紙税／32

第2章　重要な基本表現と用語

1. 権利・義務・禁止を表す助動詞の使い方 ── 34
2. 接続詞の使い方 ── 37
3. 指示語の使い方 ── 39
4. 条件に関する表現 ── 41
5. 条件を付ける趣旨の従属的表現 ── 47
6. 義務・努力義務に関する表現 ── 54
7. 履行に関する表現 ── 55
8. 責任・保証に関する表現 ── 57
9. 法的拘束力，効力に関する表現 ── 61
10. 契約の有効性に関する表現 ── 63
11. 列挙に関する表現 ── 64
12. 権利の法的性質に関する表現 ── 65
13. 選択権に関する表現 ── 69
14. 推定・法的擬制に関する表現 ── 70
15. 費用負担に関する表現 ── 71
16. 期限・期間・頻度を表す表現 ── 73
17. 損害の種類を表す表現 ── 77
18. 支払条件・価格条件に関する表現 ── 79
19. その他の重要表現 ── 81
20. 数量を表す表現 ── 88
21. 同義語・類語の重複 ── 89
22. ネットショッピング契約 ── 93

第3章　一般条項を理解する

1. 「一般条項」とは何か ———————————— 102
2. 一般条項の記載例 ———————————————— 103

　①契約期間（Term）／103　②契約解除（Termination）／104
　③契約終了の効果（Effects of Termination）／106
　④期限の利益の喪失（Acceleration）／107
　⑤相殺（Setoff）／108　⑥保証（Warranty）／108
　⑦責任制限（Limitation of Liability）／109
　⑧守秘義務（Confidentiality）／110
　⑨個人情報の保護（Protection of Personal Data）／111
　⑩契約譲渡の禁止（No Assignment）／112
　⑪不可抗力（Force Majeure）／112
　⑫反社会的勢力（Antisocial Force）／113
　⑬残存条項（Survival Provisions）／114
　⑭完全条項（Entire Agreement）／115
　⑮裁判管轄（Jurisdiction）／116
　⑯仲裁条項（Arbitration）／116
　⑰分離性（Severability）／118　⑱通知（Notice）／119
　⑲法令順守（Compliance）／120
　⑳児童労働の禁止（Child labor）／120
　㉑代理関係（No Agency）／121
　㉒準拠法（Governing Law）／121
　㉓弁護士報酬の敗訴者負担（Attorney Fees）／122
　㉔権利放棄（Waiver）／122
　㉕見出し（Headings）／123　㉖使用言語（Language）／123

3. 一般条項の契約交渉 ———————————————— 125

第4章　英文契約書の読み方・考え方
　　　　　──「売買契約」などからエッセンスを学ぶ

1. 国際売買契約の一般取引約款 ———————————— 128

② 国際販売代理店契約と契約書 ──────── 143
①AgentとDistributorの違い／143　②その他の販売業者／143
③一般的な条項の構成／145
④重要条項と実務上のポイント／145
⑤代理店の指名と権利義務の規定／146
⑥販売テリトリー／149　⑦販売権／151
⑧独禁法など各種法規制への対策／153

③ 秘密保持契約書 ──────────────── 157

④ ソフトウェアライセンス使用許諾契約 ───── 174

第5章　英文契約と交渉の実務

① 雛形の活用 ──────────────── 188
①雛形の重要性／188　②契約の相手方から入手する／189
③市販の雛形集を活用する／189
④ウェブから入手する方法／190
⑤自分でオリジナルを作る／190
⑥英文契約書雛形の管理手法について／191

② 英文契約の交渉の極意 ──────────── 192
①達成したい目標を明確に意識する／192
②感情をコントロールする／192
③「沈黙は金」のときもある／192
④代案はつねに用意する／193
⑤ビジネスの実態を理解する／193
⑥交渉にあたっての留意ポイント／194
⑦さいごに──相手方の主張や立場を理解する／194

第6章　英文契約書に関する素朴なQ&A

1　準拠法・裁判管轄・仲裁に関するQ&A ―――― 196
　　Ｑ　被告地主義のメリット／197
　　Ｑ　ニューヨーク条約の執行力／198
　　Ｑ　準拠法をどの国にするか／198
　　Ｑ　準拠法の合意がない場合／199　　Ｑ　仲裁判断の執行／199
　　Ｑ　仲裁と訴訟／200　　Ｑ　中国ビジネスと準拠法／200
　　Ｑ　アメリカの裁判管轄／200　　Ｑ　ウィーン条約と準拠法／201
　　Ｑ　紛争解決方法の選択／202　　Ｑ　完全合意条項／202

2　英文契約書の落とし穴に関するQ&A ―――― 203
　　Ｑ　免責条項／203　　Ｑ　契約履行の保証文言／203
　　Ｑ　保証の排除／203　　Ｑ　損害の意味／204

3　交渉が難航したケースに関するQ&A ―――― 205
　　Ｑ　売主・買主の立場と契約条項／205
　　Ｑ　契約違反による損害賠償責任／205
　　Ｑ　ラストショットルール／206　　Ｑ　中国企業との交渉／206
　　Ｑ　ペナルティー条項／207

4　英文契約書の解釈に関するQ&A ―――― 208
　　Ｑ　契約終了後の義務／208　　Ｑ　契約書で決めていない事項／208
　　Ｑ　基本契約書と個別契約書の優先順位／209

5　専門用語に関するQ&A ―――― 210
　　Ｑ　衡平法とは／210　　Ｑ　willの意味／210
　　Ｑ　合意と契約の違い／210　　Ｑ　「期間」の使い方／211

6　印紙税法の適用に関するQ&A ―――― 212
　　Ｑ　英文契約書と印紙税／212　　Ｑ　印紙税と準拠法／212
　　Ｑ　印紙税と契約の効力／212

7　代理点保護法に関するQ&A ―――― 213
　　Ｑ　代理点保護法を定める国／213　　Ｑ　適用の回避／213

8 ウィーン条約，インコタームズに関するQ&A ── 214
Q ウィーン条約とは／214　　Q ウィーン条約の影響／214
Q インコタームズの制定／215

9 外部コンサルタント，法律事務所，翻訳業者に関するQ&A ── 216
Q 翻訳外注の留意点／216　　Q レビュー依頼時の留意点／216

10 民法改正に関するQ&A ── 217
Q 民法改正の影響／217　　Q 定型約款／217
Q 請負と準委任／219
Q 請負人の瑕疵担保責任（契約不適合責任）／219
Q 民法債権法改正による賠償額の予定の効果／220

さいごに　英文契約書マスターのためのアクションプラン ── 220
INDEX ── 223

第1章

英文契約書の基本を効果的に学ぶ

1 本当は決して難しくない英文契約書

❶ 先入観を捨て去ろう

　読者のみなさんは，英文契約書は難しいという印象をお持ちかもしれませんが，まずお話ししておきたいのは，この先入観は誤っているということです。なぜなら，英文契約書で覚えておくべき表現方法や用語は，みなさんが所属される業界にもよりますが，せいぜい700〜800に限定されているからです。したがって，これら英文契約書の基本表現800を（一般条項を含んで）マスターさえすれば，英文契約書をスムーズに理解することができます。本書では，これらの基本的な表現のうちとくに重要なものを一般条項を含めて網羅しており，効率よく英文契約書を習得できるようにしています。

　ここで，**一般条項**とは，あらゆる種類の英文契約書に必ず登場してくる，法務的・管理的な条項をいいます。たとえば，不可抗力条項，守秘義務条項，契約譲渡禁止条項，準拠法，裁判管轄，仲裁合意などの条項です。

　英語力がそれほど高くなくてもビジネスの知識を同時併行で学んで行けば，英文契約書を理解し，交渉することができます。英文契約書は，たしかに英語で書かれていますが，内容はビジネスや取引の条件を規定したものです。ですから，英文契約書の**基本的な表現**と**一般条項**を習得すれば，英語については問題ありませんが，他方で，ビジネスや取引の背景知識を理解し習得する必要があります。たとえば，英文契約書の特定の条項をさっと読んだときに，どのような内容であるかがイメージできなかったとします。その場合には，英語表現の知識が不足しているか，あるいは，

ビジネスや取引の背景知識が不足しているのか、いずれかの知識が不足しているということになります。ですから、英文契約書の習得にあたっては、英語の重要表現の習得と並行して、**ビジネスや取引の背景知識の習得**にも努めてください。

❷ 性悪説が基本の考え方

つぎに重要なことは、日本語の契約書と英文契約書とでは、もとになっている根本思想がまったく違うことです。

まずは、**性善説**を前提に書かれている「日本語の契約書」の場合は、基本的な事項のみを契約書で合意するので、契約書は**シンプルで短いものが多くなります**。これは、合意されていない点がトラブルや争いになっても、同じ日本語で話し合いができるので、**話し合えば何とか解決できると契約当事者が期待している**からです。

それに対して、**性悪説**を前提に書かれている英文契約書は、条文の数も多く、各条文の文章も長く契約書全体のボリュームが大きいものがほとんどです。

つまり、契約書の相手方は、契約を締結するときには良い顔をしているが、いざトラブルとなると相手方へ責任を押し付ける傾向があります。

相手を信用できないので、契約書の中で問題となりそうな点をあらかじめ列挙しておき、それらに対する解決策を当事者間で合意しておくことが必要となります。もし解決策が合意されていないと、裁判で解決するしか方法がなくなります。

英文契約書を締結する当事者は国際間契約のケースが多いので、訴訟をするにしても国際訴訟になり、膨大な費用と時間がかかります。しかし、解決策が予め合意されていると、裁判になっても契約書が、違法なことを合意していない限りは、裁判所により尊重されるため、当事者は、裁判をやっても無駄だ、契約書の合意内容に従おうということになり、結果的に裁判を回避することができます。

❸ 難しい表現は「漏れ」を作らないため

　英文契約書はなぜ難しい言葉で書かれているのでしょうか。これは争いが生じたときに「**漏れがないように合意されているか**」と極度の心配性である起草者がドラフト（起案）しているからです。

　漏れがないかどうか心配ですから，同じような単語を使用したり，同じような表現や規定をしつこく繰り返していることはお分かりになるでしょう。契約書の条項は，法律の条文のごとくあらゆるケースを網羅できるように，後から多くの単語や文章が挿入されてきます。

　また，法律用語は言葉の内容が厳密に定義されていますので，現代風の易しい表現に置き換えたいところですが，そうすると意味が変わってしまうリスクがあります。安易に書き換えができません。これら諸事情が英文契約書を難しくしているのです。

　ただし，最初にお話ししたように，英文契約書で覚えておくべき表現方法や用語は，限定されているので，これらをマスターすれば英文契約書をスムーズに理解することができます。

❹ 英語が苦手でも大丈夫

　本書では，最初からいきなり，英語嫌いが助長される英文契約**書の難しい雛形を扱いません**。これまでのように「しかめっ面」をしながら学習する必要はありません。本書では，海外のオンラインショッピングやパソコンソフトの利用規約を楽しく読みながら，英文契約書の重要表現を学びましょう！

　「**取引約款**」「**利用約款**」は，身近で取引内容もわかりやすく，しかも「英文契約書」のエッセンスが詰まっており，格好の学習材料といえます。通常の長々とした「英文契約書」のエッセンスを一般の方へ分かりやすい言葉で書いたものが「取引約款」「利用約款」となっているからです。これらを利用しない手はありません。これに気付いた本書はまさに「**英文契約書学習の革命**」であると自負しています。

2 英文契約書締結の目的

　英文契約書はなぜ作成され締結されるのでしょうか。答えは簡単です。**紛争が発生したときのバイブルの役割を果たすためです。**万一争いが発生したときに，その解決策をあらかじめ当事者間で契約書で合意しておけば非常にスムーズに解決することができます。

　契約自由の原則によって，契約内容は自由ですが，いったん合意すればそれは違法な内容でない限り裁判でも尊重されます。

　契約書でそんなに詳しく決めなくても後で話し合いでいくらでも解決できるのではないかとおっしゃる方もいるでしょう。それは甘い考えです。国際取引では，価値観が異なった国の間の取引ですので，ちょっとした誤解が大きな紛争へと発展することがあるのです。

　英文契約書は国際的な取引で使われるケースがほとんどですが，国際取引は国内取引と比較してリスクが大きい取引になりがちです。つねに紛争や訴訟と隣り合わせにあります。まさに「転ばぬ先の杖」として英文契約書をしっかりした内容で取り交わすことが重要です。

　人間は面白いもので，うまくいっているときは文句を言いませんが，いざ自分が不利になると適当に言い訳を考えて責任を回避しようとします。基本的には「性悪説」で考えていただくべきです。

3 英文契約書の成立要件・効力・種類

❶ 英文契約書の成立と有効であるための要件

英文契約書が成立し法的に有効であるための要件には何が必要でしょうか。英語で書かれ，準拠法（後述）が英語圏の法律で合意される場合には，以下の**4つの要件**が必要になります。②の対価関係（約因）（契約当事者のお互いの約束が見返り，つまり対価関係にあること）が必要とされるのは，日本語の国内契約（日本法が適用される場合）と大きく異なるところです。

契約成立の条件

契約の成立・有効要件	説　明
①契約の申込みとそれに対する承諾があること（成立要件）	これにより当事者間の合意が成立します。
②契約のお互いの約束が対価関係（約因）になっていること	英米法では，見返り（対価関係）がないと契約は法的拘束力を認められません。
③契約締結能力があること（成立・有効要件）	契約を締結する者が法的に有効な契約を締結する能力を有しているかどうか。
④契約の有効性を否定する事情が存在しないこと（有効要件）	たとえば，詐欺，強迫，錯誤，公序良俗違反，取締法規違反，書面性の要求を満たさないことなどがあります。

❷ 有効な契約の効果

「契約自由の原則」によって，①内容の自由（契約で合意する

内容は当事者の自由），②**方式の自由**（契約で合意する方式（口頭か書面か，書面の場合は一定の書式に従うか）は当事者の自由），③**契約締結の自由**，④**契約の相手方の自由**の4つの自由が保障されています。しかし，この中の①内容の自由では，契約で合意する内容は当事者の自由ですが，そのまま合意された内容がすべて有効に存続するわけではありません。たとえば，法令違反の内容まで有効とされません。また，契約で合意されていない場合でも，法令の規定が補充されて適用される場合があります。このように，契約の合意内容を変更する法規のことを，前者（法令違反で無効となる場合）は**強行法規**，後者（合意内容が補充される場合）は**任意法規**とよんでいます。

ところが，英文契約では，強行法規や任意法規の基準となる法律がどこの国の法律であるかが問題となります。2つの国にまたがった取引をしているので，いずれの国の法律が契約解釈の基準となるかが不明になるためです。そこで，契約当事者はあらかじめ契約解釈の準拠法について合意しておき，万一紛争になったときに，その準拠法に従って契約の解釈をするように合意するのです。

したがって，合意された準拠法が適用される強行法規や任意法規の基準となります。**準拠法**は，契約書が準拠すべき法律がどこの国の法律かを決めるもので，準拠法をどこの国の法律にするかによって，上記の強行規定と任意規定の範囲が異なります。もっとも準拠法は契約書上で合意されていなくても裁判地の国際私法（日本では法の適用に関する通則法）が当該取引にもっとも密接な場所の法律を決定して適用してくれますが，契約当事者間で合意することができるもので，それを契約書上で合意しておけば，裁判所は尊重してくれます。

あらかじめ契約当事者間で合意することが一般的です。

契約任意規定と強行規定

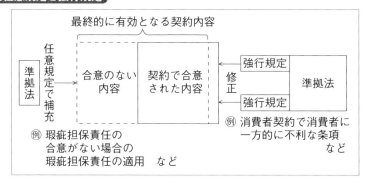

　強行法規（法令違反で無効となる場合）により，契約書に書いても無効になる条項，契約全体が無効になるリスクがある条項には具体的にどのようなものがあるでしょうか。

　たとえば，販売代理店契約書に「販売店は，供給業者から購入した本件製品を供給業者が指定する価格未満の価格で第三者へ再販売してはならない。」という規定，すなわち「**再販売価格の拘束**」規定があった場合には，自由競争を阻害する不公正取引に該当するので，独禁法違反で当該規定が無効とされます。EU法では，「再販売価格の拘束」により，契約全体が無効になってしまいますので，注意が必要です。

　それに対して，任意規定とは，たとえば物品売買契約における瑕疵担保責任です。契約書に何も書かれていない場合でも，アメリカのいずれかの州の法が準拠法として適用された場合には，**黙示の保証責任**が発生して，商品性の保証，特定目的への適合性の保証等の瑕疵担保責任が発生することになります。これらの黙示の保証責任を排除するためには，明示的に契約上の規定で「保証の排除」を行う必要があります。

4 英文契約書の分類

❶ 契約には2つのパターンがある

　　実際の英文契約書には2つのパターンがあります。つまり，契約当事者がドラフト（起案）をやり取りして**交渉して合意**し，最終的な契約書に調印する場合と，運送約款や保険契約の**約款**，ネット上のショップで買い物をする場合の利用規約などのように，契約交渉の場面がなく，買主はそれを購入するか否かの選択肢しかない場合の2つです。ここでは，前者を**交渉型**，後者を**約款型**とよびます。

　　約款型の代表選手が，「GENERAL TERMS AND CONDITIONS（一般取引条件）」と「ソフトウェアライセンス（使用許諾）契約」です。

　　交渉型は，契約当事者間でいくつかの段階（ステップ）を踏むことになります。第一に，契約書のドラフトと相手方への提示です。第二に，そのドラフトをベースに契約当事者が交渉を行います。これはOK，これは飲めないといったやりとりが何度も行われます。第三に，交渉の結果として契約の合意に達し，契約が締結されます。契約が締結されると安心してしまいますが，もっとも重要なのは，第四に，**契約締結後の管理**です。これには契約で合意した義務がきちんと履行されているかどうか確認する作業もあります。IT業界の契約では，当初締結した内容どおりに履行されることはあまりなく，途中で契約内容（仕様，納期，対価など）を変更することが多く出てきます。

❷ 約款型における契約当事者間の「書式の争い」

　約款型については,「書式の争い」とよばれる大きな問題があります。たとえば,売主と買主でそれぞれ自社に有利な取引約款を相手方へ送付した場合にどちらを**法的に優先**するかという問題です。国際取引の場でも多くの学者が議論している問題です。

　現在の日本の民法では,最後に約款を相手へ送った当事者の約款が優先します。最後に相手方へ約款を送り込んだほうが勝利するところから「**ラストショットルール**（last shot rule）」とよばれています。

ラストショットルール

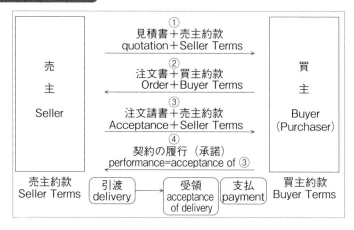

　基本的には,契約は申込みとそれに対する承諾で成立します。最初の売主からの見積書には**売主の約款**がついていきます。この全体が売主から買主に対する契約の申込み（offer）になります。

　売主からの契約の申込みに対して,買主は**注文書＋買主約款**を送付しており,売主の申込みを契約条件を含めてそのまま承諾（acceptance）していません。この買主からの注文書＋買主約款の送付によって,**売主の申込みを拒絶**する（reject）と同時に,**売主に対して新たな申込み**（counter-offer）をしていることになります。

つぎに，売主は，買主からの注文書＋買主約款の新たな申込みに対して，**注文請書＋売主約款**を買主へ送付しています。売主からの注文請書＋売主約款の送付は，買主の申込みを契約条件を含めてそのまま承諾（acceptance）していません。この売主からの注文請書＋売主約款の送付によって，買主の申込みを拒絶する（reject）と同時に，買主に対して新たな申込み（counter-offer）をしていることになります。

　そこで，最後に有効な申込みとして承認されない状態で残るのは，売主からの申込み（注文請書＋売主約款）ということになります。これが新たな申込みとして承諾されずに宙ぶらりんになっているのです。これを最後に承諾するのは買主の意思表示ではなく，契約の履行行為（買主の商品の受領や代金の支払い）です。買主はこの契約の履行によって売主の申込みを承諾することができます。そこで最後に約款を送りつけて最終的に契約の履行をさせれば，最後に送りつけた約款が承諾されて有効になるという次第です。

　非常に複雑ですが欧米企業では貿易担当者でもこれは常識になっており，最後まで約款をしつこく送りつけて来ますが，それに負けずにこちらもしつこく送り返すことが重要です。あまりしつこい場合にはメールなどで「お互いの約款は契約内容にならない旨の合意」をして**休戦協定**を結ぶと良いでしょう。

5 英文契約書の条文の読み方

❶ 5W1Hを押さえる

契約書全体の5W1Hも重要ですが，契約書の各条項の5W1Hを押さえることも重要です。

5W1H

5W1H	対象	具体例など
Who	契約の当事者	
When	締結日，契約期間	
Where	締結地，履行地	
What	契約の対象	物品，ソフトウェアのライセンスなど
Why	契約の目的	売買契約，ライセンス契約
How	契約条件，履行条件	

❷ 5つの文型を押さえる

英文法で以前に習った**5文型**が役に立ちます。

英文契約書は，当然ながら英文法（5文型）に従って書かれています。なぜならば，読む人によって解釈が異なると余計な争いになるからで，誰が読んでも同じ意味に解釈できるように作られています。

5つの文型　S=主語，V=動詞，O=目的語，C=補語

文　型	文　例
SV	<u>This Agreement shall commence</u> on the Effective Date hereof. 訳例　本契約は，本契約の発効日より<u>有効</u>とする。
SVC	<u>Any provision</u> of this Agreement which contradict the applicable laws, <u>shall be null and void</u>. 訳例　適用法規に反する本契約の条項は，無効とする。
SVO	<u>Distributor shall not sell</u> in the Territory <u>any products</u> which are in competition with the Products for the term of this Agreement. 訳例　本契約の有効期間中，本販売地域内において，買主は本商品に競合する商品の販売をしてはならない。
SVOO	<u>Seller shall not grant Buyer any license</u> relating to the Products. 訳例　売主は，買主に対して，本件製品について何らの使用権も付与しない。
SVOC	IN WITNESS WHEREOF, <u>the Parties</u> hereto <u>have caused this Agreement to be executed</u> in duplicate by their duly authorized representatives. 訳例　上記の証として，本契約当事者は，両当事者の正当な権限を有する代表者により本契約2通を締結せしめた。

❸ 契約書のスタイル（契約書の雛形が採る書式）

　効果的に英文契約書を読むため（あるいはドラフトするために）一般的な構成を理解しておきましょう。

英文契約書	日本語訳
<u>NON-DISCLOSURE AGREEMENT</u>	秘密保持契約書
This Non-Disclosure Agreement (the "Agreement") is hereby made and entered into on April 1, 2016 by and between Company X ("X") and Company Y ("Y") with respect to the exchange of the confidential information ("Confidential Information") between the parties hereto.	X株式会社（以下「甲」という。）とY株式会社（以下「乙」という。）とは，相互に秘密情報を交換することに関し，2016年4月1日付けで本契約（以下「本契約」という。）を以下のとおり締結する。
THE PARTIES HERETO AGREE AS FOLLOWS:	当事者は以下の通り合意する。
Article 1. Definitions Article 2. ・ ・ ・ Article 15. General Provisions	第1条　定義 第2条 ・ ・ ・ 第15条　一般条項
IN WITNESS WHEREOF, the parties hereto have caused this Agreement to be executed in duplicate and each party shall keep one of the originals.	本契約締結の証として，契約書正本2通を作成し，各当事者は各1通を保有する。
Company X:	X社
Address:	住所
Signature: ＿＿＿＿＿＿＿＿＿ Name: Title: Date: Witnessed by:	署名 氏名 役職 日付 立会人：

Company Y: Address: Signature: _____ Name: Title: Date: Witnessed by: 　　　　　Attachment	Y社 住所 署名 氏名 役職 日付 立会人： 　　　　　添付書類

(1) **表　題**

　特に法律で決まった英文契約書の構成はありませんが，秘密保持契約書の場合の一般的な書式を見てみましょう。まず，タイトルが，"NON-DISCLOSURE AGREEMENT" となっています。タイトルはどんなものでも構いません。"AGREEMENT" だけでもいいわけです。つまり，あくまで審査の対象は中身であり，タイトルは便宜上付けてあるだけです。例えば，第1条が "Definitions" となっていますが，これら**見出しも実は便宜上のもの**であり，「見出しによって中身を解釈してはいけない，中身は中身で解釈をすること」という断りが付記されていることも多く見られます。

(2) **頭　書**

　最初のパラグラフが頭書の部分です。それを見ると，"THIS AGREEMENT made and entered into…" すなわち，「本契約は締結された」とあります。ここで "made" と "entered into" という2つの動詞が並んでいますが，こうした同義語の並列は契約書には多く見られます。

　"made and entered into" の次に契約の締結日 "execution date"（April 1, 2016）がきます。これに対して，発効日 "effective date"があります。締結日＝発効日となることが多いのですが，契約によっては発効日が別に定められているケースもあります（一般条項の「契約期間」条項を参照して下さい）。特に将来に向かってではなく，過去に遡及して発効するという場合が多く見られます。例えば，契約の交渉に手間取って，ビジネスが先行し，後付けで契約が成立した場合，ビジネスが開始された時点に遡及して締結するというケースなどです。発効日を遡及するというのは，基本的に問題はありません。私の経験で多かったのは，締結日自体を遡及させるという場合です。

ただ，最近は，契約書の管理上，締結日を遡及させると順番が割り込むことになり，内部統制上よくないということで，**締結日は正しい日にし，発効日を遡及する**ようにしています。企業間の契約では，遡及するケースがほとんどです。早めに締結できて，将来発効させようという契約はめったにありません。

⑶契約書本文

契約の本体の部分であり，契約書で定める実質的な権利義務が規定される箇所です。Operative ProvisionsあるいはSubstantive Provisionsなどと呼んでいます。

本文は，大きく分けると，定義条項，本体条項，一般条項の3つに分類できます。

定義条項は，契約書で使用される用語の定義を定めています。「以下「ＸＸＸ」という。」という具合に本文中で定義をしながら進める場合もありますが，このように最初に定義をまとめておく契約書も多いです。**本体条項**は，実質的な権利義務が規定される箇所です。**一般条項**は本体条項に含まれますが，General Provisionsとよんでいて，準拠法や紛争解決，不可抗力など法的・管理的な性格の条項であり，どの種類の契約書でも必ず出てくる条項です。

(4) 結　語

　第1条から始まって，本体条文が終わると，最後の結びに，"IN WITNESS WHEREOF" がきます。これはほぼ決まり文句です。文章の構造は，本契約の当事者は本契約をして締結せしめた，どのように締結せしめたかというと，"in duplicate" これは「オリジナルを2通」という意味です。3通になると "triplicate"，4通だと "quadruplicate" になります。

(6) 署名欄

　最後に署名欄があって終わりです。名前のところは必ず**活字体**（print）で書くように言われます。サインだと判読が難しく，誰が書いたかわからないからです。日本人のサインは読み易いのですが，外国人のものは判読不能の場合が多いので，署名だけだと誰が書いたのかわからない，なんてことはしょっちゅうあります。日付ですが，各当事者の代表者が同時に調印すれば，その日付になります。持ち回りで，例えばこちらの社長が先に署名してから相手方に送るといった場合は，後の日付が合意された日付ということになります。

(7) 立会人

　最後の署名欄のところに，Witnessed by: とありますが，これは立会人の欄で，確かにこの人がサインしたということを証明するというものです。特に調印式で一堂に会してサインするという場合には，相手方の代表者がサインしているのがわかるのですが，持ち回りの場合は明確にならないこともあります。そこで立会人が必要なわけで，ここにサインします。

(8) 添付書類

　最後に「添付書類」が付きます。実はこれが非常に重要です。英語では，Schedule, Attachment, Exhibit, Annex, Appendix,

Addendumとさまざまな言い方がありますが，特に何を使わなければいけないというのはありません。"Exhibit"や"Attachment"を使うケースが多いでしょう。裁判所に提出する証拠のことを"Exhibit"と言います。

　なぜ添付書類が重要かというと，雛型の中で処理しきれない部分が扱われるからです。契約書のドラフトでは，最もその取引に近いひな型を探してきます。ところが，どうしてもその雛型ではカバーしきれない，特殊な条件や事情が出てくるわけです。それを添付書類で処理するケースが非常に多いのです。

　もちろん，本文が修正できればそれで済むのですが，修正できない部分は別紙で済ませます。したがって，別紙はまさに取引の特殊な部分を表しているということになります。ですから，事業部門では別紙を中心に見るものとし，法務は雛型の修正箇所を中心に見るというような役割分担を明確にするのもよいでしょう。添付書類は決しておまけではなく，非常に重要な契約構成要素の一つです。

6 英文契約書の種類と形式

❶ 基本契約書と個別契約書との関係

　たとえば，継続的な取引あるいは反復する可能性のある取引を予定している場合には，その都度契約当事者が取引の条件を交渉して契約を締結することは時間も手間もかかります。そこで，そのような場合には，あらかじめ基本的な契約条件（**基本契約**）を当事者間で合意しておき，それに基づき簡潔な**個別契約**を締結して，基本契約の条件を適用する便法を使います。たとえば，売買の基本契約書をあらかじめ締結し，それに基づいて，買主が（対象商品，数量，金額，納期などを記載した）**注文書**を発行し，それに対して売主が注文請書を発行することにより，個別の売買契約書が締結されます。この個別売買契約書に売買基本契約書の条件が適用されます。

　基本契約書（Master AgreementあるいはBasic Agreement）と**個別契約書**（individual Contract）とで矛盾する規定がある場合に，いずれが優先するかの規定がない場合には，どちらが優先すると解釈すべきでしょうか。基本契約書と個別契約書（さらには約款がやり取りされた場合のその約款）との関係について，どちらが優先するかについて特に規定が設けられなかった場合には，一般的な解釈では，**個別契約書の規定が優先**するでしょう。ほとんどの場合，個別契約書の日付が基本契約書の日付より後の日付であることが多いので基本契約書の変更と見られること，また，基本契約書に比べると個別契約書のほうがより詳細・具体的に記載されていることなどの理由があげられていますが，争いを防ぐためにどちらが優先するかを基本契約書で規定しておくことをお

勧めします。

❷ 正式（最終）契約書と覚書

　正式（最終）契約書（Final Agreement）とは，契約当事者が最終的に契約書を締結した場合をいい，他方，正式（最終）契約書の締結に至っていないが，種々の理由により，それまでに合意されている基本的事項を合意する場合を覚書（予備的合意書，レター・オブ・インテント（Memorandum, Letter of Intent））といいます。

❸ レター・オブ・インテントは合意事項の確認書類

　契約が正式に締結するまではかなり時間がかかります。お互い根気よく条項を1つひとつ検討するのですから，当然といえば当然です。合意事項の途中経過を「レター・オブ・インテント」（予備的合意書）などの書類にまとめて，交渉相手と漸定合意したりします。

　こうした合意事項の確認書類の呼称にはMemorandumやLetter of Intentの他に，以下のようなものがあります。

・Memorandum of Understanding（MOU）　覚書
・Memorandum of Agreement　合意覚書
・Letter Agreement　レターアグリーメント
・Letter of Understanding　基本覚書
・Agreement in Principle　原則合意書
・Memorandum of Intent　趣意書
・Comfort Letter　カムフォート・レター
・Commitment Letter　確約レター

　次ページに掲げたのはレター・オブ・インテントの例です。注意したいのは，**レター・オブ・インテントは単なるレターではなく，ここで明確に約束したことは法的な拘束力をもつ**ということです。したがって，法的な効力を否定したいときには，その意思

を示すことが必要です。

　たとえば，第4条のように"This LOI is not legally binding……except the Section 3 hereof."（全面的に法的拘束力はないと否定する，ただし第3条は別である）と記しておけば，第3条に関しては法的拘束力があるが，ほかの条項には法的拘束力を認めない，ということになります。レター・オブ・インテントの検討では，こういう形で，拘束力をもつものともたないものとを仕分けることが重要です。

レター・オブ・インテントの例

Letter of Intent
レター・オブ・インテント

This Letter of Intent ("LOI") is executed as of June 20, 2016 by and between Tomita Motors Corporation ("Tomita") and Heinz Sales GMBH ("Heinz").
　本レター・オブ・インテント（以下「LOI」という）は，トミタ自動車株式会社（以下「トミタ」という）およびハインツ販売有限責任会社（以下「ハインツ」という）の間で2016年6月20日に締結された。

The Parties hereto hereby agree as follows:
　本契約の当事者は以下のとおり合意する。

1. Tomita is prepared to discuss distributorship agreement with Heinz for distribution and service of RX100 in Germany.
　トミタは，ハインツと，ドイツにおけるRX100の供給およびサービスのためにディストリビューター契約の交渉をする用意がある。

2. Tomita and Heinz shall initiate sale and purchase of RX100 for resale in Germany as a spot basis.
　トミタとハインツは，スポットベースで，ドイツにおけるRX100の再販売のためRX100の売買を開始する。

3. Tomita and Heinz shall keep in confidence confidential information which has been received from other Party.
トミタとハインツは，他方当事者から受領した秘密情報の機密を保持するものとする。

4. This LOI is not legally binding on the Parties hereto except for Section 3 hereof.
本LOIは，第3条を除き当事者に法的拘束力をもたないものとする。

IN WITNESS WHEREOF, the Parties hereto have caused this LOI to be executed in duplicate on the date first written above.
以上を証するため，本契約の当事者は，上記の日付で本LOIを2通締結した。

Tomita Motors Corporation　　トミタ自動車株式会社

Heinz Sales GMBH　　ハインツ販売有限責任会社

❹ 契約変更と覚書

　　いったん正式（最終）契約書が締結された後で，契約条件や内容が変更されることがあり得ます。その場合には，「**変更契約**」のタイトルで変更内容を合意し締結することもありますし，「**覚書**（Amendments, Memorandum, Addendum）」のタイトルで変更内容を合意し締結することもあります。

　　たとえばシステム開発委託契約書などのIT関連の契約では，仕様，委託料，納期の3つの条件が重要ですが，契約締結後に仕様の変更が頻繁に行われます。その際に，いちいち両当事者の代表者が書面で変更契約を取り交わすのは，実務的に効率が悪いでしょう。そこで契約書に両当事者のプロジェクト責任者を決めておき，その責任者へこうした実務上の仕様変更について権限を与えておき，契約変更に対応することが行われています。

❺ 差し入れ方式と約款方式

　一方当事者のみが署名する形式が差し入れ方式です。金銭貸借契約，秘密保持契約（秘密情報受領者のみが署名して開示者へ差し入れる）などがあります。

　他方で，ユーザー向けのソフトウェアライセンス（使用許諾）契約は，ユーザー側には，原則として交渉の余地がない「**約款方式**」です。

❻ 日付と発効日

　署名欄の日付と頭書きの締結日は同じでなければいけないでしょうか。各当事者の代表者が異なる日に署名したので，署名欄の日付が異なる場合，頭書きの締結日（前述）はどのようにしたら良いでしょうか。署名欄に日付を記載する場合には，頭書きの締結日と揃える必要があります。たとえば，各当事者の署名欄の日付が異なる場合（持ち回りで署名押印した場合）には，後の日付が合意日＝締結日になります。後の日付と頭書きの締結日と揃える必要があります。

　締結日は契約当事者間の**合意が成立した日**ですが，他方，**発効日**は合意された契約がその**効力を発生する日**になります。英文契約書の締結が遅れてしまい，ビジネスが先行してスタートしてしまうことが多くなっています。発効日を遡及して規定することで対応する場合，どのようなリスクや問題点はあるのでしょうか。契約締結日自体をバックデートすることは内部統制上問題が出てくるおそれがありますが，発効日を遡及することは当事者の合意の上で行うのであれば問題はありません。

　英文契約書のサインは，ローマ字ではなく，日本語や漢字でも有効です。効力に影響はありません。

　英文契約書の署名版が複数のページ数にわたる場合に，各ページにイニシャルを入れることが要求されます。簡便な方法として，日本語の契約書の場合のように，袋綴じをして，境目にイニシャ

ルを入れて契約当事者が内容を確認したものであることを示す方法もあります。なお，イニシャルは署名者がしても勿論OKですが，署名者がしなくても契約担当者（法務部や契約スタッフ）がイニシャルを入れることも可能ですし，また，一部だけにイニシャルを入れて他の必要部数はコピーで済ませる簡便法もあります。

　署名を立証するには，公証人による署名者のサイン認証を要求する方法と，**署名の立会人**（witness）の署名を要求する方法があります。前者は公証人の面前で署名者がサインをして，その事実を公証人が認証するものです。後者は当事者の署名者が所属する会社の法務や契約担当が自社の代表者が確かに自身の面前でサインした事実を宣言するものです。どちらも相手から要求されないケースが多いです。なお，契約書の署名者は必ず会社の代表者でなければならないわけではなく，会社から職務権限を与えられていれば，部門長や本部長，職制上の部長や課長でも効力を持ちます。

❼ 印紙税

　印紙税法では，**課税文書**が規定されています。

　日本国内で締結された契約書が課税文書に該当する場合には，印紙税法が適用されて所定の金額の印紙を貼付しなければなりません。印紙税法の規定に従った印紙の貼付がされていない場合に，契約書の効力は影響を受けるでしょうか。契約書の有効性の判断は民法や関連法の規定に従って行われますので，印紙の貼付がされていない場合には，過怠税や刑事罰の対象にはなりますが，契約の効力は影響を受けません。

　なお，外国で締結された英文契約書の場合には，日本法が準拠法であっても，日本の印紙税法は適用されません。

第2章

重要な基本表現と用語

1 権利・義務・禁止を表す助動詞の使い方

　英文契約書の中味に入る前に，まずは，基本的な重要言い回しを習得しましょう。これさえ知っておけば，英文契約書の読み書き（内容の理解とこれに対する適切な対案を作成すること）が簡単にできます。まずは助動詞の使い方からです。

● shall

　　義務　～しなければならない，～するものとする
　　must, should, will（シリコンバレーの企業間では，義務の意味でshall の代用で使用されることが多い），be required to ～，be under the obligation to ～，be obligated to ～，shall be required to ～，shall be under the obligation to ～，shall be obligated to ～も同じ意味

【文例】
Seller shall manufacture the Product in accordance with the specifications as Attachment.
【訳例】
売主は，別紙に添付される仕様に従って本製品を製造するものとする。

● shall not

　　禁止の意味　～してはならない
　　be prohibited from ～ -ing, be not allowed to ～　も同じ意味

【文例】
Without the prior written consent of Supplier, Distributor shall not distribute in the Territory any products which are in competition with the Products for the term of this Agreement.
【訳例】
事前の書面による商品供給者の承諾なしに，本契約の有効期間中，本販売地域内において，ディストリビューターは本商品に競合する商品を供給してはならない。
Key Word in competition with（競合する）

参考として，shall not が「決して〜ない」という「否定の強調」の意味を表す例

【文例】
Seller shall not be liable to Buyer or a third party for any claims and damages arising out of a breach of any provision of this Agreement.
【訳例】
売主は，本契約上の義務の不履行により発生した請求及び損害に関して，買主または第三者に対していかなる責任も負わないものとする。

Shallと一緒に使用される「否定の強調」 in no event 「けっして〜ない」

【文例】
In no event shall either party have any liability to the other for any lost profits or for any indirect, special, incidental, punitive or consequential damages.

> 【訳例】
> <u>いかなる場合も</u>いずれの当事者も相手方に対して，逸失利益または間接的損害，特別損害，付随的損害，懲罰的損害もしくは派生的損害について，一切責任を負わ<u>ない</u>。

● **may**

　　〜する権利がある，〜することができる　権利を表す表現
　　be entitled to 〜, shall be entitled to 〜, shall have the right to 〜　も同じ意味，can（may の代用で〜する権利があるの意味で使用される）

> 【文例】
> Seller <u>may</u> remedy, at its own expense, any failure to perform its obligations.
> 【訳例】
> 売主は，その義務の不履行につき，自らの費用で是正することが<u>できる</u>。
> **Key Word**　at its own expense（自らの費用で）

　　許可を表す場合　〜することができる，〜することが許されている
　　be allowed to 〜, be permitted to 〜, be able to 〜　と同じ意味

2 接続詞の使い方

and/or 及び/もしくは，及び/又は （andかorのいずれかを選択して，全ての組み合わせを網羅する言い方）

【文例】
The information, documents, data and/or materials provided by one party to the other party shall not be disclosed to a third party other than the parties hereto.

【訳例】
一方当事者が他方当事者へ提供した情報，文書，データ及び／もしくは資料は，本契約当事者以外の第三者に対し開示してはならない。

接続詞　whether or

● **whether or not** 「～であるか否かを問わず」

【文例】
Seller may cancel the order for the Products placed by the Buyer, whether or not it is accepted by the Seller.

【訳例】
売主は，それを承諾しているか否かを問わず，買主が行った注文を取り消すことができる。

notwithstanding the foregoing 「前述にもかかわらず」

【文例】

Distributor shall pay royalty as specified herein to Manufacturer. <u>Notwithstanding the foregoing</u>, Manufacturer expressly authorizes Distributor to deduct and withhold from all royalty payments due to Manufacturer pursuant to this Agreement, any withholding taxes required to be withheld under applicable local law.

【訳例】

「販売総代理店」は，本契約で定められたロイヤリティーをメーカーに対して支払うものとする。上記にかかわらず，「メーカー」は，本契約に従って「販売総代理店」から支払われるべきすべてのロイヤリティー代金から，適用される現地の法に基づき源泉徴収する必要のある源泉徴収税を「販売総代理店」が控除し源泉徴収することを明示的に承認するものとする。

Key Word deduct and withhold（控除し源泉徴収する）

③ 指示語の使い方

here+前置詞（hereと前置詞が結合した指示語）

　　この場合のhereはthis Agreement（本契約）かthis Article（本条）と理解するとすっきりする。

　　hereto, hereof, herein, hereby, hereunder, herewith, hereinafter など

● **hereto, hereof**（それぞれ，to this Agreement, of this Agreementと理解する）

【文例】
Each signatory <u>hereto</u> warrants that they have obtained all necessary authorization and consents.
【訳例】
<u>本契約の</u>各署名者は，必要なすべての権限および同意を得ていることを保証する。

● **hereinafter referred to as**　"〜"「以下〜という」

【文例】
THIS AGREEMENT (<u>hereinafter referred to as</u> "Agreement") is made and entered into on this 1st day of September, 2016.
【訳例】
本契約（<u>以下</u>「原契約書」<u>という</u>。）は，2016年9月1日に締結された。

指示語　there+前置詞

thereと前置詞を結合した指示語であるthereto, thereofなどは，以前に出てきた語句を指します。直前に出てきた語句を指す場合もあれば，契約書中の語句を指すこともあります。これは文脈で判断します。

● therein

【文例】
The Software, Documentation and all other related materials provided to Customer, and all intellectual property rights therein, are the exclusive property of Licensor.

【訳例】
本件顧客に提供される本件ソフトウェア，付随資料ならびにその他すべての関連資料，およびそれらに対するすべての知的財産権は，ライセンサーの排他的財産とする。

Key Word　exclusive property（排他的財産）

この文例では，直前に出てきた語句を指しています。すなわち，intellectual property rights therein ＝ intellectual property rights in the Software, Documentation and all other related materials ということです。

4 条件に関する表現

condition

- 「停止条件」on the condition that ～　条件を満たすことにより効力を有する条件

【文例】
Either Party may exploit the Intellectual Property relating to the improvements of the other Party <u>on the condition that</u> such Party pays reasonable royalty to be separately agreed upon by both Parties.

【訳例】
当事者間で別途合意する合理的なロイヤリティの支払いを<u>条件として</u>，各当事者は，改良技術の知的財産権を活用する権利を有する。

- 「解除条件」　条件を満たすことにより効力を失う条件

【文例】
This warranty shall automatically terminate if Licensee make any modifications to the Software.

【訳例】
ライセンシーが本ソフトウェアを改変した場合には，本保証は自動的に解除される。

subject to〜 「〜を条件として」,「〜に従って」という意味を表します。

- **subject to 〜** 　「〜を条件とする」「〜を前提とする」の意味の場合

> 【文例】
> The obligations of the Purchaser to pay the Purchase Price are <u>subject to</u> the satisfaction as of the Closing of all of the following conditions:
> 【訳例】
> 「購入代金」の支払いの義務は，クロージング（取引の実行）時に以下のすべての条件が充足されていることを<u>条件とする</u>。

- **subject to the condition (s) that 〜** 　「〜を条件として」

> 【文例】
> Payment of Shares is <u>subject to the conditions that</u> the Shares will be duly listed, upon official notice of issuance.
> 【訳例】
> 株式の支払いは，当該株式が，株式発行の公示のうえ，適切に上場されることを<u>条件とする</u>。
> *Key Word* 　official notice of issuance（株式発行の公示）

- **subject to the approval by (of) 〜** 　「〜による承認を条件として」

> 【文例】
> Payment terms are net 30 days from the date of invoice, <u>subject to the approval of</u> Seller.
> 【訳例】
> 支払条件は請求書の日付より30日以内とし，<u>売主の承認を条件とする</u>。

● **subject to ～**　「～に従い」の意味の場合

> 【文例】
> Subject to decisions of the General Meetings of Shareholders, the business of the Company shall be managed by the Board of Directors of the Company.
> 【訳例】
> 会社の事業は，株主総会の決定に従い，会社の取締役会により経営される。
>
> *Key Word*　General Meetings of Shareholders（株主総会）；Board of Directors（取締役会）

● **become subject to～**　「～に従う」

> 【文例】
> The property of either Party becomes subject to attachment.
> 【訳例】
> 一方当事者の資産が差押えに従うことになる
>
> *Key Word*　attachment（差押え）

to the extent that / so long as　条件・範囲

● **to the extent that／ so long as**　「～の限りにおいて」「～の範囲では」

> 【文例】
> Seller shall indemnify, defend and hold harmless Buyer from any action against Buyer to the extent that an allegation that the Products has infringed any intellectual property right is deemed to have reasonable grounds by Seller.

【訳例】
売主は，本製品が知的財産権を侵害しているとする主張が合理的な根拠を有すると売主がみなす場合に限り，買主に対して提起された訴訟について，買主を免責し，防御し，損害を与えないものとする。

Key Word　indemnify, defend and hold harmless　〜を免責，防御及び補償する　deemed（みなす）

unless otherwise agreed (in writing)　「別途（書面）同意がない限り」

【文例】
Unless otherwise agreed in writing, Seller shall deliver the Products at Yokohama port in accordance with the applicable delivery schedule.

【訳例】
別途書面にて合意する場合を除き，売主は，納入予定に従い，本製品を横浜港で引き渡すものとする。

類似表現

- **unless otherwise specifically agreed**　「別段の合意がない限り」
- **unless otherwise separately agreed between the parties hereto in writing**　「両当事者間の書面による別段の合意がある場合を除き」
- **unless otherwise prescribed by law**　「法で規定されない限り」
- **unless otherwise specified**　「別途規定されない限り」
- **unless specifically stated otherwise**　「特段の定めがない限り」
- **unless context otherwise requires**　「文脈で他の解釈が求められない限り」

except as / except to the extent

- **except as expressly specified in this agreement**　「本契約に明示的に規定される場合を除き」

> 【文例】
> TO THE EXTENT ALLOWED BY APPLICABLE LAW, <u>EXCEPT AS EXPRESSLY SPECIFIED IN THIS AGREEMENT</u>, NEITHER LICENSOR WILL BE LIABLE FOR ANY LOSS OR DAMAGE THAT MAY ARISE IN CONNECTION WITH CUSTOMER'S USE OF THE SOFTWARE.
>
> 【訳例】
> 適用法により認められる範囲で，<u>本契約に明示的に規定される場合を除き</u>，ライセンサーは，本件顧客による本件ソフトウェアの使用に関して発生する損失または損害に対して責任を負わないものとする。
>
> |Key Word| TO THE EXTENT ALLOWED BY APPLICABLE LAW　適用法により認められる範囲で

類似表現

- **except to the extent**　「～の場合を除き」
- **except as otherwise separately agreed in writing**　「両当事者間で別途書面により別段の合意をした場合を除き」
- **except as otherwise specifically provided in this Agreement**　「本契約で特に他に規定のない限り」
- **except as otherwise provided herein**　「本契約で他に規定のない限り」
- **except as stated in**　「～に規定されるものを除き」

実務上のポイント

> なぜすべて大文字で書かれているのでしょうか？
> アメリカ法（UCC統一商事法典など）ではライセンシーに一方的に不利な条件は目立つ表現で規定していないと無効になってしまうリスクがあるためです。

provided (that) / provided, however, that…　「例外」や「条件」を表す。

4　条件に関する表現

● 「例外」の意味の場合

> 【文例】
> Seller shall supply the Products only to Purchaser for resale in the Territory, <u>provided that</u> Seller reserves the right to supply the Products directly to ABC Company in the Territory;
>
> 【訳例】
> 売主は，販売地域内での再販を目的として，製品を買主のみに供給するものとする。<u>ただし</u>，売主は販売地域内のABC社へ直接製品を供給する権利を留保する。

● 「条件」の意味の場合

> 【文例】
> Seller may enter the premises of Buyer, <u>provided, however, that</u> 10 days prior written notice shall be given to Buyer.
>
> 【訳例】
> 売主は，買主の施設内に立ち入る権利を有する。<u>ただし</u>，買主に対して10日前に書面による通知を行うもの<u>とする</u>。
>
> |Key Word|　premises（施設）

● **contingent on/upon**　「〜を条件とする」

> 【文例】
> This employment offer is <u>contingent on</u> the occurrence of the closing of Company X's acquisition of Company Y.
>
> 【訳例】
> かかる雇用の申し込みは，X社によるY社の買収が終結すること<u>を条件とする</u>。
>
> |Key Word|　acquisition（買収）

5 条件を付ける趣旨の従属的表現

at the request of one（upon one's request），on demand 「〜の要求に従い」「求めに応じて」

【文例】
Upon disclosing party's request, the receiving party shall provide information relating to its handling of Confidential Information to the disclosing party.

【訳例】
開示者から要求に従い，受領者は，受領者による秘密情報の取扱いに関する情報を提供するものとする。

on the basis of 〜（on a（an）〜 basis） 「〜を基準として，〜の条件で」
● **on an as-is basis** 「現状有姿で」

【文例】
During the term of this Contract, lessor shall lease the Products to lessee on an as-is basis.

【訳例】
本契約の有効期間中，貸主は借主に本製品を現状有姿で貸し出すものとする。

Key Word　lessor（貸主）；lessee（借主）

● on non-chargeable basis 「無償で」

【文例】
Parties shall furnish the technical supports necessary for Task Team on non-chargeable basis.
【訳例】
両当事者は「タスクチーム」に対して必要な技術サポートを無償で提供するものとする。

● on a non-commitment basis 「確約のあるものではなく」

【文例】
For the avoidance of doubt, such forecast shall be on a non-commitment basis and Company has no obligation to order the Products.
【訳例】
疑義を避けるため規定するが、当該予測は確約のあるものではなく、委託者は、本製品を注文する義務を負わない。

Key Word　For the avoidance of doubt（疑義を避けるため規定するが）

● on a per shipment basis 「出荷単位で」

【文例】
The purchase price for each Product delivered and accepted shall be invoiced and paid on a per shipment basis.
【訳例】
引き渡され、受領された製品の購入価格は、出荷単位で請求書を発行されて支払われる。

in accordance with Incoterms 2010 as amended thereafter
「2010年版及びその後の改定版をさすインコタームズに従って」
- **Incoterms 2010**

    文例は，製品の引渡条件をIncoterms 2010で規定するものです。Incotermsでは所有権の移転時期を決めていないので別途合意する必要があります。

【文例】
Delivery of Products shall be FOB New York, in accordance with Incoterms 2010 as amended thereafter.
【訳例】
製品の引渡しは，Incoterms 2010及びその後の改定版に従いFOB New Yorkとする。

---

for the purpose of（for purpose of）～, for the purpose that ～
（目的で限定する・条件を付ける）「～を目的として」

【文例】
Licensee shall use the Software Products only for the purpose of its internal use.
【訳例】
ライセンシーは本ソフトウェア製品をその社内使用目的のためにのみ使用しなければならない。
Key Word　only for the purpose of its internal use（その社内使用目的のためにのみ）

類似の表現
- **for internal evaluation purpose only** 「評価の目的のためだけに」

material （重大な）（限定する条件を付ける）
- **material adverse effect** 「重大な悪影響」

- **material defect** 「重大な瑕疵」
- **material obligation** 「重大な義務」
- **material or essential** 「重要もしくは本質的」
- **material breach** 「重大な違反」

material breach 「重要な違反」

> 【文例】
> Any use of a license agreement by Distributor which is in violation of the this provision will be considered a <u>material breach</u> of this Agreement.
> 【訳例】
> 本条に違反した「販売店」による使用許諾契約の使用は，本契約の<u>重大な違反</u>とみなされる。
> *Key Word*　in violation of（に違反した）

in good faith 「誠実に」（限定する条件を付ける）
- **through good faith negotiation** 「誠実な協議を通じて」

good faith には，信義誠実義務の意味があります。

> 【文例】
> Any and all disputes concerning this Agreement shall be settled by mutual consultation between the Parties <u>in good faith</u> as promptly as possible.
> 【訳例】
> 本契約の紛争は，<u>信義誠実に</u>，かつできるだけすみやかに両当事者間で相互の協議により解決するものとする。
> *Key Word*　mutual consultation（相互の協議）

- **To (the extent of) ones' knowledge,** 〜の知る限りでは，（限定する条件を付ける）

【文例】

To (the extent of) X's knowledge, X shall not infringe the intellectual property rights of any third party.

【訳例】

Xの知る限りでは，第三者の知的財産権を侵害するものではない。

Key Word　infringe（侵害する）

- with the care of a good manager, with the due care of a good manager
「善良な管理者の注意をもって」（限定する条件を付ける）
- in material and workmanship, in material or workmanship
「材料上または製造上」（限定する条件を付ける）

【文例】

Seller warrants to Buyer that the Products have no defect in material or workmanship and comply with the specification defined by Seller.

【訳例】

売主は，本製品が材料上または製造上の欠陥がないことおよび売主が規定する仕様に合致していることを買主に対して保証する。

Key Word　defect（欠陥）

- using at least the same degree of care　「と同等以上の注意」（限定する条件を付ける）

【文例】

During the Confidentiality Period, Receiving Party shall keep in confidence the Confidential Information, using at least the same degree of care in keeping such Confidential Information in confidence as it uses for its own confidential information of a similar nature, but in no event less than reasonable care.

【訳例】
「守秘義務期間」中において，受領当事者は，類似の性質を有する自己の秘密情報に払う注意と同等以上の注意（ただし，合理的な注意を下回らない）をもって，「秘密情報」を秘密に保持するものとする。

Key Word　in no event less than reasonable care（合理的な注意を下回らない）

in a — manner（方法により限定する条件を付ける）
- **in a professional manner**　「専門的に」
- **in a professional and workmanlike manner**　「専門的に適切な方法で」
- **with one's standard manner and procedures**　「〜の標準の方法および手続きに従い」

【文例】
Company Y warrants that the Services will be performed in a professional and workmanlike manner in accordance with recognized industry standards.

【訳例】
Y社は，産業界で認識されたスタンダードに従って専門的に適切な方法でサービスが実施されることを保証する。

Key Word　in accordance with recognized industry standards（産業界で認識されたスタンダードに従って）

- **in a timely manner**　「適宜に」「適時に」

【文例】
If the Service is found with technical problems, Company Y shall in a timely manner solve the problems.

【訳例】
サービスに技術上の問題が発見された場合，Y社は<u>適宜</u>にその問題を解決するものとする。

without 〜なしに（一定の例外を認める場合）
- **without first estimating costs** 「費用の見積もりを最初に提示することなく」
- **without (first obtaining) (one's) prior written permission/consent** 「(〜の) 事前の書面による承諾なしに」
- **without notice** 「通知なく」
- **without any notice** 「何らの通知なく」

- **in consideration of** 「〜を対価として」「〜を約因として」「〜と引き換えに」

【文例】
<u>In consideration</u> of the license of the Software under this Agreement, Licensee shall pay to Licensor the royalty as specified in the Schedule.
【訳例】
本契約で付与された本件ソフトウェアの使用許諾<u>の対価として</u>，ライセンシーはライセンサーに対して，別紙に記載されたロイヤリティを支払うものとする。

　　ライセンスを付与することにより，それと引き換えに使用料の支払い義務が発生します。

6 義務・努力義務に関する表現

best efforts / best endeavors 「最善の努力をする」
義務に近い解釈がされる場合があります。

【文例】
Developer shall <u>use its best efforts to</u> meet the deadlines to complete the Development.

【訳例】
受託者は，本開発を完了する期日を守るよう<u>最大限努力</u>するものとする。

make	one's best	efforts	to ～
do		endeavors	
use			
exert			

(commercially) reasonable efforts/endeavors （best effortsと対比）
「（商業上）合理的な努力をする」

採算を度外視してまで行う必要はないという意味です。

【文例】
Developer will <u>make its reasonable efforts</u> to deliver the Software to Company on or before the delivery date as identified in Exhibit A.

【訳例】
受託者は，別紙Aに記載される納入日までに本ソフトウェアを委託者に納入すべく<u>合理的な努力をする</u>ものとする。

7　履行に関する表現

義務違反/債務不履行に関する表現
- **breach of covenant**　「誓約違反」
- **breach of obligation, breach of duty**　「債務不履行」「義務違反」
- **breach one's obligation**　「債務不履行」
- **fundamental breach, material breach**　「重大な契約違反」（ウィーン売買条約第25条に定義されているが，契約解除権を行使するためには，重大な契約違反であることが必要となる。）
- **breach or threaten to breach**　「違反または違反のおそれがある」

【文例】
If Customer <u>breaches or threatens to breach</u> its obligations under this Article, Licensor may at its sole discretion, upon twenty-four (24) hour notice to Customer, cancel the rights granted under this Agreement.

【訳例】
本件顧客が，本条に基づく自己の義務に<u>違反した場合，またはそのおそれがある場合</u>，ライセンサーは，自己の単独の裁量で，本件顧客に対する24時間の通知をもって，本契約に基づき付与した権利を取り消すことができる。

Key Word　at its sole discretion（自己の単独の裁量で）

● **failure to comply with obligation**　「義務の不履行」

【文例】
Neither party is liable for a <u>failure to perform any of its obligations</u> hereunder if it proves that the failure was due to an event beyond its control.

【訳例】
いずれの<u>当</u>事者も，<u>自己の義務の不履行</u>が，自己の支配を超えた事由によるものであることを証明するときは，その不履行に対して責任を負わない。

> **Key Word**　due to an event beyond its control（自己の支配を超えた事由によるもの）

8 責任・保証に関する表現

- **indemnify, defend and hold harmless ～from/ against～**　「から免責し，防御し，補償する」

【文例】
Seller shall <u>indemnify, defend and hold harmless</u> Buyer from any action against Buyer to the extent that an allegation that the Products has infringed any intellectual property right is deemed to have reasonable grounds by Seller.

【訳例】
売主は，本製品が知的財産権を侵害しているとする主張が合理的な根拠を有すると売主がみなす場合に限り，買主に対して提起された訴訟について，買主を<u>免責し，防御し，損害を与えない</u>ものとする。

Key Word　allegation（主張）

　　いわゆる「免責条項」とよばれるもので，第三者からの損害賠償請求がなされた場合に，責任ある当事者が損害を被った当事者に対して全ての補償を行い迷惑かけないとする趣旨の規定です。

- **represent and warrant**　「表明し，保証する」

【文例】
Seller <u>represents and warrants</u> to Buyer that it is in compliance with all relevant laws and regulations.

【訳例】
売主は買主に対して関連法令を遵守していることを<u>表明し，保証する</u>。

一定の事実を表明して，それが真実であることを相手方当事者へ保証する趣旨の規定です。相手方当事者が真実であることを信じて，真実でないことが判明しそれが原因で損害を被った場合には，表明・保証を行った当事者は，この条項に違反したことを理由として相手方当事者に対してそれらの損害を賠償しなければなりません。

responsibility / liability （いずれも同じ「責任」の意味です）
- **on its own responsibility and at its own expenses** 「自己の責任と費用をもって」

【文例】
Each party hereto shall, on its own responsibility and at its own expenses, give a compensation for the Inventions to the inventor(s) of such Inventions within its own organization.
【訳例】
本発明に対する発明者への補償は，その発明者が所属する契約当事者が自己の責任と費用をもって行うものとする。

duty / obligation （いずれも同じ「義務」の意味です）

【文例】
Both Parties shall perform the duties and/or obligations hereunder.
【訳例】
両当事者は，本契約の義務を履行するものとする。

　　dutyとobligationはいずれも同じ意味ですので，意訳して「義務」1語で訳します。

- **exclusive liability** 「唯一の責任」

【文例】
LIMITATION OF LIABILITY
THE PROVISIONS OF THIS ARTICLE STATE THE <u>EXCLUSIVE LIABILITY</u> OF LICENSOR AND THE EXCLUSIVE REMEDY OF CUSTOMER, AND ARE IN LIEU OF ALL OTHER REMEDIES, LIABILITIES AND OBLIGATIONS.

【訳例】
責任の制限
本条の規定は，ライセンサーの<u>唯一の責任</u>および本件顧客の唯一の救済を規定するものであり，その他すべての救済，責任，および義務に代わるものである。

● jointly and severally 「連帯して」

【文例】
You shall provide the Company with the guarantor who is <u>jointly and severally</u> responsible for the duty to pay for any damages caused by you on the Company.

【訳例】
貴殿は，貴殿が当社へ引き起こした損害に対して<u>連帯して</u>支払債務を負担する保証人を提供することとします。

implied warranty　黙示の保証

　　　「保証」とは，製品やサービスに瑕疵があった場合に，売主やサービス提供者が無償で修理や新品交換を行う義務をいいます。「黙示の保証」とは，「法定保証」あるいは「自動付与保証」と言い換えても良いもので，売主やサービス提供者が明確に保証をしていない場合でも，法律の規定により自動的に付与される保証のことです（日本の民法の売主の瑕疵担保責任と同じです）。「黙示

の保証」は当事者間の合意により排除することができます。保証の排除をする場合に，アメリカの各州の法律では買主に目立つ（conspicuous）表現で契約へ書かなければなりません。英文契約書ではこれが標準的な書き方になっています。

- **implied warranty of fitness for particular purpose** 「特定目的適合性についての黙示の保証」
- **implied warranty of merchantability** 「商品性についての黙示の保証」

> 【文例】
> <u>DISCLAIMER OF WARRANTIES</u>
> EXCEPT AS PROVIDED HEREIN, THE COMPANY DOES NOT MAKE ANY WARRANTIES OR REPRESENTATIONS WITH RESPECT TO PRODUCTS, WHETHER EXPRESS OR IMPLIED, INCLUDING BUT NOT LIMITED TO ANY <u>IMPLIED WARRANTY OF MERCHANTABILITY OR FITNESS FOR A PARTICULAR PURPOSE</u>.
>
> 【訳例】
> <u>保証の排除</u>
> 本契約に定める場合を除き，会社は，明示または黙示を問わず，<u>商品性もしくは特定目的への適合性についての黙示の保証</u>を含むが，これらに限定されず，本契約に基づき提供された「製品」に関して何らの保証または表明しない。
>
> |Key Word| except as provided herein（本契約に定める場合を除き）

参考となる表現

- **implied warranty of non-infringement** 「非侵害についての黙示の保証」
- **implied warranty of accuracy** 「正確性についての黙示の保証」
- **implied warranty of quiet enjoyment** 「平穏性についての黙示の保証」

9 法的拘束力，効力に関する表現

bind, binding

● **not legally binding** 「法的拘束力のない」

Letter of Intent（レターオブインテント，覚書，意向書）においてよく使われるフレーズです。当事者間で明確な約束が書面で記載されている以上は，形式的に，ビジネスレター，覚書や暫定的な合意書であったとしても法的な効力を持ってしまいます。そこで，法的な効力を明確に否定するためにこの表現が使用されます。

【文例】

This Memorandum is <u>not legally binding</u>, except for Article XX hereof.

【訳例】

本覚書は，第XX条を除いて，何らの<u>法的拘束力</u>も有するものではない。
（注）法的拘束力を持たせたい条項（たとえば守秘義務条項）を除いて，法的拘束力を否定する表現です。

● **enforceable, enforceability** ⇔ **unenforceable, unenforceability**

（同義語として，invalid, illegal）「（法的に）強制できる」⇔「強制しえない」

たとえば独占禁止法などの法令違反により契約の特定の条文が無効（unenforceable）となってしまう場合に，契約全体が無効にならないように下記のような規定を入れます。

【文例】

If any part of this Agreement becomes <u>invalid, illegal or unenforceable</u>, the parties shall negotiate to agree the terms of a mutually satisfactory provision to be substituted for the invalid, illegal or unenforceable provision.

【訳例】

本契約のいずれかの部分が，<u>無効，違法または強制不可能</u>となった場合，両当事者は，無効，違法または強制不可能な規定に代わり，相互に満足できる規定の条項に合意するため，交渉をするものとする。

Key Word　mutually satisfactory（相互に満足できる）；be substituted for（に代わり）

参考となる表現

- **terminate with immediate effect**　「ただちに解除する」
  催告が要求されないことを意味している。

10 契約の有効性に関する表現

effect / force

- **remain in effect** 「〜の間契約が有効である」

> 【文例】
> This Agreement shall <u>remain in effect</u> until terminated by either party as provided herein.
>
> 【訳例】
> 本契約は，いずれかの当事者が本契約で定めた事由によって終了されるまでの間，有効に存続するものとする。
>
> *Key Word* as provided herein（本契約で定めた事由によって）

類似表現

- **continue in effect** 「〜の間契約が有効である」
- **have effect** 「契約が有効になる（＝be effective）」
- **in force and effect** 「効力を持って」
- **remain/continue in full force and effect** 「〜の間契約が有効である」
- **continue in full force** 「有効に存続する」
- **remain in full force** （＝remain in effect, continue in effect）
  「〜の間契約が有効である」
- **come into force, become into force** 「契約が有効になる」
  be valid, effectiveも「契約が有効」という意味です。

11 列挙に関する表現

including without limitation（例示列挙）（⇔ including with limitations（限定列挙））

　　例を挙げているだけで，それらの例に限られないことを示す表現です。

- include but not be limited to… 「〜を含むがこれに限らない」
- Including, with no limitation, … 「〜を含むがこれらに限られない（ものを含む）」

> 【文例】
> Neither Party shall be liable for failure to perform any obligation under this Agreement in the event that performance is rendered impossible due to force majeure, <u>including but not limited to</u>, typhoon, earthquake, flood or accident.
>
> 【訳例】
> いずれの当事者も，台風，地震，洪水もしくは事故<u>を含みそれらの限られない</u>不可抗力により義務の履行が不可能となった場合には，本契約に基づく義務の不履行について相手方当事者に対して責任を負わない。

12 権利の法的性質に関する表現

exclusive ⇔ non-exclusive　裁判管轄の法的性質を示す表現です。
- **exclusive jurisdiction**　「専属的裁判管轄」
- **have the exclusive jurisdiction, submit to the exclusive jurisdiction of**
「専属的裁判管轄権を有する」

　「専属的管轄（exclusive jurisdiction）」は，その裁判所でのみ紛争解決を行う当事者間の合意です。つまり，その裁判所で敗訴判決が確定した場合には，他の裁判所で争える可能性があったとしてもその権利を放棄する趣旨になります。それに対して，「非専属的裁判管轄（non-exclusive jurisdiction）」は，当事者はその裁判所で争うことにとりあえず合意しているという趣旨です。つまり，その裁判所で敗訴判決が確定した場合でも，他の裁判所で争える可能性があれば，それは可能です。

【文例】
All actions or proceedings relating to this Agreement shall be conducted in the Tokyo District Court, and both Parties hereto consent to the exclusive jurisdiction of the said court.
【訳例】
本契約に関するすべての訴訟は，東京地方裁判所で行われるものとし，両当事者は当該裁判所を専属管轄裁判所とすることに合意する。

- **non-exclusive jurisdiction**　「非専属的裁判管轄」
　非専属的管轄では，他の裁判所への提訴の可能性にも柔軟に対応できるように規定されるもので，合意した管轄は一つの選択肢に

しかすぎません。

> 【文例】
> This Agreement will be governed by and construed in accordance with the laws of New York and the both Parties hereto consent to the <u>non-exclusive jurisdiction</u> of the New York courts.
>
> 【訳例】
> 本契約はニューヨーク法に準拠し，ニューヨーク法に従って解釈されるものとし，両当事者は，ニューヨーク州の裁判所を<u>非専属的管轄裁判所</u>とすることに合意する。

exclusive ⇔ non-exclusive　特定テリトリーにおける販売権の法的性質を表わす表現です。
- **exclusive sales channel**　「独占的販売チャネル」
- **non-exclusive distributor**　「非独占的販売店」

> 【文例】
> ABC hereby appoints Distributor as a <u>exclusive distributor</u> of Products in Territory and agrees to supply Distributor with Products, and Distributor hereby accepts such appointment.
>
> 【訳例】
> 「ABC」は，本契約により，「販売店」を「販売地域」内における，「製品」の<u>独占的販売店</u>に指命し，「製品」を「販売店」に供給することに同意し，「販売店」は，この任命を受諾する。

独占的（exclusive）の場合，契約上販売テリトリー内では他に販売店を指定することができませんが，非独占的（non-exclusive）の場合には，販売テリトリー内で他の販売店を指定することができます。

反対の表現
- **non-exclusive right** 「非独占的な権利」
- **non-transferable and non-exclusive** 「譲渡不可かつ非独占的」
- **grant license , grant sublicenses** 「ライセンスを許諾する」「ライセンスを再許諾する」

【文例】
The license granted under this Article includes the right by Licensee to grant sublicenses within the scope of such license to Licensee's wholly owned subsidiaries, but only for so long as each remains a wholly owned subsidiary.

【訳例】
本条に基づき許諾されたライセンスには，当該ライセンスの範囲内で，ライセンシーがその完全子会社にそれが完全子会社である間に限り使用権を再許諾することができる権利を含むものとする。

Key Word Licensee（ライセンシー，使用許諾を受ける当事者）; wholly owned subsidiaries（完全子会社）; only for so long as（である間に限り）

- **remedy at law and in equity** 「コモン・ローおよび衡平法における救済方法」

【文例】
LICENSOR shall be entitled to seek equitable relief in the form of specific performance and/or an injunction for any such actual or threatened breach, in addition to the exercise of any other remedies at law and in equity.

【訳例】
ライセンサーは，コモン・ローおよび衡平法上のその他一切の救済方法の行使に加えて，かかる規定の実際の違反もしくは違反のおそ

> れに対する,具体的履行および／もしくは禁止命令の形で,衡平法上の救済を求める権利を与えられるものとする。
>
> **Key Word** LICENSOR（ライセンサー,使用許諾を与える当事者）；equitable relief（衡平法上の救済）

13 選択権に関する表現

at one's option / at one's choice / at one's (sole) discretion
- at/in one's sole discretion 「〜単独の裁量で」

【文例】

Dealer may, in its sole discretion, appoint a third party as sub-dealer in Territory.

【訳例】

「ディーラー」は，その単独の裁量で，「テリトリー」における「サブディーラー」に第三者を指名できる。

Key Word　sub-dealer（サブディーラー，二次店）

- at one's own option 「〜の選択により」
- at one's option and in one's sole discretion 「〜の選択と単独裁量で」

【文例】

Company may, at its own option, purchase support and/or services in relation to the Products after the expiration of the warranty period.

【訳例】

委託者は，保証期間満了後において本製品に関するサポートおよび／またはサービスを自らの選択により購入することができる。

Key Word　warranty period（保証期間）

14 推定・法的擬制に関する表現

presume 「推定する(反証があれば覆すことができます)」
deem 「(法的に)みなす(事実が法的に擬制され,反証は認められません)」
● **deemed to be** 「(法的に)みなされる」

【文例】
If the Products pass the final inspection by Buyer at Buyer's premises, they shall be <u>deemed to be</u> accepted by Buyer.

【訳例】
本製品が,買主の敷地内での買主による最終検査に合格した場合には,本製品は買主によって受領されたものと<u>みなされる</u>。

15 費用負担に関する表現

at one's expense / cost

- **at one's (own) expense** 「～の費用負担で」
- **at one's (own) cost and expense** 「～の費用と経費をもって」
- **at one's own cost and expense and one's responsibility** 「～の費用と責任において」
- **at the (sole) expense of** 「～の(単独の)費用負担で」

【文例】
The translation of the said work shall be made <u>at the sole expense of</u> the Publisher, and abbreviations or alterations in the text thereof shall be made only with the written consent in advance of the Proprietor.

【訳例】
上記著作物の翻訳は，出版者<u>の費用負担において</u>行われるものとし，本文の短縮もしくは改変は，権利者の事前の書面による同意がある場合のみ行われるものとする。

Key Word　abbreviations（短縮）；alterations（改変）

at no charge　無償で

- **at no additional charge** 「追加費用なしで」
- **for no separate and additional charge** 「別途または追加の費用なく」

【文例】

Subject to the terms and conditions of this Agreement, ABC grants Distributor, for no separate or additional charge, a non-exclusive, non-transferable license in Territory to use the Marks, during the term of this Agreement, solely for marketing Products.

【訳例】

本契約の諸条件に従い,「ABC」は,「製品」をマーケティングするためにのみ,本契約期間中,別途または追加の費用なく,「販売地域」内での非独占的・譲渡不能の商標を使用する権利を,「販売店」に付与する。

Key Word　Subject to the terms and conditions of this Agreement（本契約の諸条件に従い）；separate（別途の）

参考となる表現

- **out-of-pocket expenses**　「実費の,実際に支出した費用出費」

16 期限・期間・頻度を表す表現

terminate と **expire**

- **terminate** 「(狭義で契約の) 解除」「(広義で契約の) 終了 (有効期間満了による契約の終了を含む)」
- **automatically expire and terminate** 「自動的に満了し，終了する」

【文例】
This Agreement shall <u>automatically expire and terminate</u> on the last day of the Term, unless sooner terminated pursuant to the provisions of this Article.

【訳例】
本契約は，本条に従い早期に解除されない限り，契約期間の最終日に自動的に<u>満了し，終了する</u>ものとする。

immediately 「すぐに，ただちに」，**instantly, forthwith** 「ただちに」

　　緊急度を表す表現は緊急性が高いものから低いものを列挙すると以下のようになるが，契約書上では，期限を明確にするために within 5 days（5日以内）などと期間を明記すべきである。

- **immediately** 「ただちに」
- **instantly** 「ただちに」
- **forthwith** 「ただちに」
- **promptly** 「早急に」
- **ASAP** 「できる限り早く，可及的速やかに」
- **within (a) reasonable time** 「合理的な時間内に」
- **without delay** 「遅滞なく」

- **in due course** 「程なく」
- **prior to** 「〜の前に」

> 【文例】
> Confidential Information does not include information that is generally available to the public prior to its disclosure.
> 【訳例】
> 秘密情報には，開示前に一般に公知になっている情報を含まない。
> **Key Word**　generally available to the public（一般に公知になっている）

- **simultaneously** 「同時に」

> 【文例】
> The delivery of the Shares shall take place simultaneously with the execution of this Agreement.
> 【訳例】
> 本株式の引渡は，本契約の締結と同時に発生するものとする。

- **subsequently** 「〜の後に」

> 【文例】
> The receipt or acceptance by Licensor of any License Fee report or payment will not prevent Licensor from subsequently challenging the validity or accuracy of the report or payment.
> 【訳例】
> ライセンサーがライセンス料の報告書またはその支払いを受けたとしても，ライセンサーがその後当該報告書または支払いの有効性もしくは正確性を争うことを妨げないものとする。
> **Key Word**　validity or accuracy（有効性もしくは正確性）

- **without prior written notice** 「事前書面通知なくして」

【文例】
Company X will not agree on settlement with a third party <u>without prior written notice</u> to Company Y.

【訳例】
X社は，Y社の<u>事前への書面による通知なくして</u>第三者と和解について合意しないものとする。

become due 「弁済期が到来する」
- **become immediately due and payable** 「ただちに支払い期限となる」

【文例】
Upon termination of this Agreement, all fees shall <u>become due and payable immediately</u>.

【訳例】
本契約終了時に，すべての料金は<u>ただちに支払われるべきものとする</u>。

- **time be of the essence** 「期限は必須要件である」

【文例】
<u>Time shall be of the essence</u> of this Agreement.

【訳例】
<u>期限</u>は本契約の必須の要件である。

- **in every ___ months** 「〜か月ごとに」

【文例】
The estate management fee shall be paid <u>every three months</u>.

【訳例】
不動産管理費は，3か月ごとに支払われるものとする。

- **within a period of ＿＿ days from〜** 「〜から＿日以内に」
- **renewed automatically** 「自動的に延長される」

【文例】
This Agreement may be renewed automatically for another year unless either Party objects to such renewal by informing the other Party in writing at least sixty (60) days before expiration of this Agreement.

【訳例】
本契約は期間満了前60日前までに一方当事者が他方当事者に対して書面で異議を述べない限り，さらに1年間自動的に更新される。

17 損害の種類を表す表現

damage 損害
　　複数形 "damages" は "monetary recovery" すなわち「損害賠償額」を表します。

- **direct damage** 「直接損害」
- **indirect, consequential damage** 「間接・結果損害」
- **actual damage** 「実損害」
- **incidental damage** 「付随的損害」
- **punitive damages** 「懲罰的損害賠償額」
- **compensatory damages** 「填補的損害賠償額」

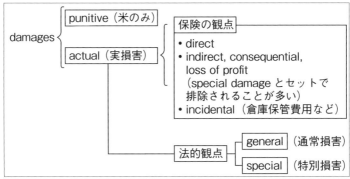

関連する表現

- **bodily injury と damage to any property** 「人身損害と物的損害」
- **death of or injury to any person** 「人的死傷」
- **irreparable damage, irreparable injury** 「回復不能な損害」
- **loss of profit** 「逸失利益」
- **loss of anticipated profits** 「期待利益の損失」

- **loss or damage to any property** 「資産に対する損失もしくは損害」
- **cumulative loss** 「累積損失」
- **indemnification** 「補償」(warrantyは，不具合が発生しないことを前もって保証（warrant）するのに対し，侵害が起きた場合に後から補償する点で両者は異なる。)
- **cause damage to ～** 「～に損害を被らせる」
- **incur damage** 「損害を被る」

> 【文例】
> In no event shall either party have <u>any liability to the other for any lost profits or for any indirect, special, incidental, punitive or consequential damages</u>, whether or not such party has been advised of the possibility of such liability.
>
> 【訳例】
> いかなる場合もいずれの当事者も相手方に対して，<u>逸失利益または間接的損害，特別損害，付随的損害，懲罰的損害もしくは派生的損害</u>について，当事者が責任の可能性を知っていたか否かにかかわらず，一切責任を負わない。
>
> *Key Word*　in no event shall（一切～ない）

18 支払条件・価格条件に関する表現

- **one-time royalty** 「1回限りのロイヤリティー」
- **at the rate of XX% per annum** 「年XX％の利率で」
- **payable in one lump sum** 「一括支払い」

【文例】
Borrower will <u>repay</u> the entire amount of this note <u>in one lump</u> on the [DATE].
【訳例】
借主は，[日付] に元本金額を<u>一括で返済する</u>。

- **outstanding** 「未払いの」

【文例】
Interest on the <u>outstanding</u> principal balance under the Advances shall accrue at the Loan Rate in effect.
【訳例】
本借入れの<u>未払</u>元本残高にかかる利息は，有効な本ローン金利で課される。

Key Word principal balance（元本残高）

- **royalty-free, non-exclusive license** 「ロイヤリティー負担のない，非独占的なライセンス」
- **have a discount of ＿＿% of the price for the products** 「製品の価格から〜％の値引きを受ける」（価格条件）

【文例】

If Seller delays in delivering the Products to Buyer for more than 10 days after the applicable delivery date, Buyer shall be entitled to <u>have a discount of 10% of the price for the relevant Products</u> as conpensation of the damages.

【訳例】

かりに，売主の買主に対する本製品の引渡しが，引渡日より10日以上遅れた場合，買主は損害賠償として，関連する（対象となる）<u>本製品の価格の10％の値引きを受けることができる</u>。

Key Word　relevant products（関連する製品＝遅延した製品）

● **in installments**　「分割で」（多くの場合，分割支払いを指すが，下記の場合は分割出荷をさす。）

【文例】

In case of shipment or delivery <u>in installments</u>, each shipment or delivery shall be regarded as a separate and independent contract.

【訳例】

<u>分割</u>船積みあるいは引渡しの場合は，各船積みまたは引渡しは，それぞれ別個・独立した契約としてみなされるものとする。

Key Word　separate and independent contract（別個・独立した契約）

19 その他の重要表現

● **as the case may be** 「場合に応じて」

【文例】
Modificaiton of the Memorandum of Association of the Company shall be resolved unanimously by all of the then shareholders of the Company who have actually voted, <u>as the case may be</u>, with affirmative votes of the proxies of the shareholders.

【訳例】
会社の基本定款の変更は，会社のすべての株主の全会一致により決議されるか，<u>場合に応じて</u>，株主の代理人による賛成決議がなされるものとする。

● **currently available version, current applicable version** 「最新版」

【文例】
Sale of the Products to Distributor shall be governed by the Supplier's general conditions of sale, the <u>current applicable version</u> of which is attached hereto as Exhibit.

【訳例】
本商品のディストリビューターへの販売は，添付に別紙として添付された<u>最新版</u>の商品供給者の販売取引条件に従うものとする。

|Key Word| general conditions of sale（一般販売条件）

- **in favor of〜**　「〜を受益者として」「有利となる」

> 【文例】
> Attorney does not have any power to guarantee any certain outcome in favor of Client.
> 【訳例】
> 「弁護士」は，「クライアント（依頼者）」に有利となるような特定の結果を保証するいかなる権限をも有するものではない。

- **collectively**　まとめて定義するときに用いる表現です。
- **collectively referred to as**　「以下，総称して〜」

> 【文例】
> At the time of execution of this Agreement, each Party represent and warrant to the each other Party that it is not crime syndicates, members of crime syndicate or any other antisocial forces (collectively, an "Antisocial Force") and that it will not involved in any actions using any Antisocial Force.
> 【訳例】
> 各当事者は，相手方に対し，本契約締結時において，自ら，暴力団，暴力団構成員，その他の反社会的勢力（以下，総称して「反社会的勢力」という。）でないこと，ならびに，自らが反社会的勢力を利用する行為に関与しないことを表明し保証する。
> *Key Word*　crime syndicates（暴力団）；antisocial forces（反社会的勢力）

- **on behalf of ～, on one's behalf** 「～の代わりに」「～を代理して」「～のために」

> 【文例】
> Customer shall have no obligation to preserve the confidentiality of the information that is developed by or <u>on behalf of</u> Customer, independent of any information furnished under this Agreement.
> 【訳例】
> 本件顧客は，本契約に基づいて提供された情報とは独立して，本件顧客により，または本件顧客<u>のために</u>開発された情報に限り，秘密を保護する義務を負わないものとする。
> *Key Word*　confidentiality（秘密性）；independent of（とは独立して）

take measures/actions

- **take appropriate countermeasures/measures against ～**　「～に対し適切な対応策／措置を講じる」

- **take precedence over ～**　「～に優先して」

> 【文例】
> This Amendment to the Agreement supersedes and <u>takes precedence over</u> all the previous agreements between the Parties.
> 【訳例】
> 本契約に対する本件修正契約は，両当事者間におけるすべての事前の合意にとって代わり，<u>優先される</u>ものとする。
> *Key Word*　supersedes（とって代わり）

根拠・理由を表す ― **for any reason** 「いかなる理由であれ」

【文例】
During the term of this Agreement and for two years thereafter, Company shall not solicit any person who is an employee of ABC at the time of the solicitation to leave ABC <u>for any reason</u>.

【訳例】
本契約期間中およびその後の2年間，会社は，ABCの従業員である者に対し，<u>いかなる理由であれ</u>ABCを退職するように勧誘してはならないものとする。

|Key Word| solicit（勧誘する）

● **compatible with** 「矛盾のない，両立する，互換性がある」

【文例】
THIS AGREEMENT DOES NOT WARRANT THAT THE SOFTWARE IS <u>COMPATIBLE WITH</u> ALL EQUIPMENT.

【訳例】
本契約は，本ソフトウェアがすべての装置に<u>互換性がある</u>ことを保証しない。

in possession

● **in one's possession** 「保有する，帰属する」
● **in one's possession or subject to one's control** 「〜が保有もしくは管理する」

【文例】
Advertiser agrees to return to Agency any copy of such creative work <u>in Advertiser's possession</u> at termination of this Agreement.

【訳例】

広告主は，本契約の終了時に広告主が保有する当該創作的作品のコピーを代理店に対して返却することに同意する。

<u>Key Word</u>　creative work（創作的作品）

● **in proportion to ownership rate**　「出資（持ち分）比率に比例して」

【文例】

In case any of such existing shareholders does not exercise the rights of subscribing newly issued shares in proportion to then ownership ratio, other shareholders may exercise such rights.

【訳例】

かかる既存株主が，その時点での株式所有比率に比例して，発行される新株を引き受ける権利を行使しない場合は，他の株主が当該権利を行使することができる。

<u>Key Word</u>　rights of subscribing newly issued shares（発行される新株を引き受ける権利）

● **to the contrary**　「反対の，矛盾する」

【文例】

Notwithstanding anything to the contrary in this Agreement, this Agreement shall not apply to any transaction of Products between the Parties outside the Territory.

【訳例】

本契約中の矛盾する規定にもかかわらず，本契約は本販売地域外における当事者間の本商品の取引には適用されないものとする。

<u>Key Word</u>　transaction（取引）

　前述の矛盾する規定があっても，それを否定して規定する場合に

使用する表現です。

● **now existing or which may hereafter come into existence** 「現在存在しまたはその後実在のものとなった」(範囲を広げるための表現)

> 【文例】
> All rights, whether <u>now existing or which may hereafter come into existence</u> are hereby reserved to and by the Proprietor.
> 【訳例】
> <u>現在存在するかまたは以後実在のものとなるか</u>を問わず,すべての権利は,権利者に留保されている。
> ⎡Key Word⎤ reserved to(に留保されている)

● **pari passu ranking** [ラテン語]「同順位性」他の債務と優劣関係にないことを意味します。

> 【文例】
> Payment obligations under the Transaction Documents <u>rank pari passu</u> with the claims of all its other unsecured and unsubordinated creditors, except for obligations mandatorily preferred by law.
> 【訳例】
> 取引書類に基づく借主の支払債務は,法律により強制的に優先される債務を除き,借主の担保を有さずかつ劣後しない,その他すべての債権者に対する債務と<u>同等の順位</u>にある。
> ⎡Key Word⎤ all its other unsecured and unsubordinated creditors(借主の担保を有さずかつ劣後しない,その他すべての債権者)

● **generally accepted practices of the industry** 「業界の一般的な慣行」(具体的な基準が分からない場合,あるいはどの基準に従うべきか同意できない場合に使用する表現)

> 【文例】
> The above warranty does not cover any warranty, in accordance with the generally accepted practices of the industry.
> 【訳例】
> 上記に定める保証は業界の一般的な慣行に従ったいかなる保証を含むものではない。

20 数量を表す表現

- アラビア数字とアルファベットの併記で相違があった場合にはアルファベットの記載が優先します。
- calendar day, business day（暦日と営業日）についてどちらに統一すべきかは，営業日は国や業種によって異なるので，一般的には暦日とすべきでしょう。

minimum purchase volume/amount
- **annual minimum purchase volume/amount** 「年間最低購入数量／金額」
- **annual minimum sales volume/amount** 「年間最低販売数量／金額」

【文例】
For each one year period commencing on the date hereof during this Agreement, Distributor shall sell not less than Annual Minimum Sales Amount of Products as set forth below:
（ⅰ）The first year：[＿＿]（quantity）or [＿＿]（amount）

【訳例】
本契約日に始まる本契約期間中の各年間に，「ディストリビューター」は下記の年間最低販売量以上の「製品」を販売するものとする。
（ⅰ）初年度：[＿＿]（数量）または [＿＿]（金額）

参考となる表現
- **guaranteed minimum number of orders** 「最低保証注文数」
- **maximum number of orders** 「注文数の上限」

21 同義語・類語の重複

● null and void

【文例】
Should any provision of this Agreement be deemed to contradict the laws of any jurisdiction where it shall be performed, such provision shall be deemed <u>null and void</u>, but this Agreement shall remain in force in all other respects.

【訳例】
本契約の条項のうち，契約が履行される管轄の法律に抵触するとみなされた場合には，当該条項は<u>無効</u>とみなされるが，本契約は他のすべての面においては有効に存続するものとする。

Key Word   the laws of any jurisdiction（いかなる管轄権の法律）

● amend, alter, change or modify

【文例】
Licensee agrees that it will not <u>alter, modify</u>, dilute or otherwise misuse the Licensed Marks.

【訳例】
ライセンシーは，「許諾商標」を<u>変更し</u>，希薄化しもしくはその他の方法で誤用しないものとする。

Key Word   dilute（希薄化）；misuse（誤用）

● defect, malfunction

【文例】
SELLER EXPRESSLY WARRANTS TO BUYER THAT ALL PRODUCTS SHALL CONFORM TO THE SPECIFICATIONS, PROVIDED THAT BUYER SHALL INFORM SELLER OF ANY <u>DEFECT OR MALFUNCTION</u> WITHIN 7 DAYS AFTER THE DELIVERY OF THE PRODUCTS.

【訳例】
売主は買主に対してすべての製品が仕様に適合していることを明示的に保証する。但し買主は売主に対して<u>製品欠陥・不具合</u>がある場合，引き渡し後7日以内に通知しなければならない。

● substantially similar, substantially identical, the same

【文例】
Licensee agrees that all Licensed Products manufactured and sold by it, will be <u>the same or substantially identical</u> in quality and appearance to the initial samples approved by Licensor.

【訳例】
ライセンシーは，ライセンシーが製造し販売したすべての「許諾製品」をライセンサーが承認した最初の見本と<u>同一または実質的に同一</u>の品質および外観とすることに合意する。

Key Word　initial sample（最初の見本）

- **rendered highly impracticable, rendered impossible** 「極めて実行不可能となる」,「不可能となる」

【文例】
Neither Party shall be liable for failure to perform any obligation under this Agreement in the event that performance is <u>rendered impossible</u> due to Force Majeure.

【訳例】
いずれの当事者も，不可抗力により義務の履行が<u>不可能となった</u>場合には，本契約に基づく義務の不履行について相手方当事者に対して責任を負わない。

provide / set forth / stipulate / specify / state / define
- **set forth herein** 「本契約に規定されている」
- **set forth in 〜** 「〜に記載している（記載されている）」

【文例】
In addition to terms elsewhere defined in this Agreement, the following terms shall have the meanings <u>set forth</u> in this Article for purposes of this Agreement:

【訳例】
本契約の他の箇所で定義されている用語に加え，本契約において，以下の用語は本条に<u>定める</u>意味を有する。

【文例】
Customer shall pay to Vendor the fees as <u>specified</u> in the Basic Terms.

【訳例】
「顧客」は，「基本条件」に<u>記載された</u>費用を「ベンダー」に支払うものとする。

- **appendix, attachment / exhibit / schedule / annex / table** 「添付書類，別紙」
- **proprietary right, title, right and interest** 「法的権利」（日本語の「法的権利」を表現するためには，英語では原則としてこれらをすべて列挙する必要があります）
- **clearly and conspicuously labeled** 「明確かつ顕著な形で」

> 【文例】
> For the purpose of this Agreement, "Confidential Information" shall be <u>clearly and conspicuously labeled</u> "Confidential Information" or other equivalent legend.
> 【訳例】
> 本契約において，「秘密情報」は，<u>明確かつ顕著な形で</u>「秘密情報」もしくは同等の説明書が貼付されている必要がある。
> **Key Word**　equivalent legend（同等の説明書）

- **carry and maintain** 「維持する」

> 【文例】
> Lessee shall <u>carry and maintain</u>, during the term of this Agreement, at Lessee's sole cost and expense, a comprehensive commercial general liability insurance.
> 【訳例】
> 賃借人は，本契約の期間中，賃借人単独の支出で，包括的な商業上の一般責任保険を<u>維持する</u>ものとする。
> **Key Word**　general liability insurance（一般責任保険）

- **compromise and settle** 「解決する」
- **disputes or controversies** 「紛争または論争」

22 ネットショッピング契約

　基本表現を学んでいただいたので，次にネットショッピング契約の条項にチャレンジしてみましょう。次にまずは，みなさんがネットショップで買い物をする際に，登場してくる「ネットショッピングの利用規約」を見てみましょう。

Makino, Inc. Terms & Conditions for Online Shopping
1. Welcome to Makino, Inc. Online Shopping
By accessing this website you agree to these Terms and Conditions for Online Shopping ("Terms"). Before you place an order, please carefully read these Terms, and please place your order after having understood and agreed these Terms.
牧野商会オンラインショッピング一般取引条件
1．ようこそ牧野商会のオンラインショッピングへ
本ウェブサイトへアクセスすることによりお客様は，ここに記載されたオンラインショッピングの一般取引条件（「取引条件」）に同意することになります。ご注文をする前に取引条件を注意深くお読みになり，これらの取引条件を理解し同意した上でご注文をなさってください。

Key Word　terms & conditions（一般取引条件）

　「これらの取引条件を理解し同意した上でご注文をなさってください」の部分がポイントです。原則として，これにより顧客がこれらの条件に同意して注文を行ったことになり，法的に拘束されます。

2. Ordering

If an order placed by you is accepted by Makino, Inc., the contract between you and Makino, Inc. will take place, unless you have cancelled the order. If you wish to cancel your order placed online, please immediately contact our Customer Service Department.

２．ご注文について

お客様がなさったご注文が牧野商会により受注された場合には，お客様が途中解約をされない限りは，牧野商会とお客様の間に契約が締結されます。お客様がご注文を途中解約されたい場合には，当社の顧客サービス部へ直ちにご連絡ください。

契約締結の時点が示されていますが，顧客からの途中取り消しの可能性も認めています。

3. Return Policy

Specific goods purchased by you, may be returned for a refund. Please return them in their original condition, unused with its original packaging, with all labels and garment tags still attached within 10 days of receipt of your goods, except for the following goods:

(1) Personalised order items or goods made to customer's specifications;

(2) Perishable goods, including foods;

(3) for hygiene reasons, ladies' and men's underwears, swimming costumes and bikini bottoms, and earrings, unless unopened and in its original packaging, the protective adhesive strip is still in place and the item is unsoiled and in a saleable condition.

３．返品ポリシー

ご購入された特定商品については，返品と返金ができる場合があり

ます。返品される場合には，当初の状態で，すなわち，当初の梱包状態の未使用で，すべてのラベル・タグが付いた状態で，商品を受領されてから10日以内に，返品してください。

ただし，以下の場合を除きます。

(1)　お客様の特別な仕様で製造された個人注文の商品，

(2)　食品を含む腐敗しやすい商品，

(3)　衛生的な理由で，男女の下着，水着，ビキニのパンツ及びイヤリング（ただし，未開封で当初の梱包状態で，保護具が付いた状態で汚れていない，販売可能な状態である場合を除きます）

Key Word　labels and garment tags（ラベル・タグ）；perishable goods（腐敗しやすい商品）；hygiene reasons（衛生的な理由）

　　欧米では，商品購入後の一定期間内に顧客の都合による返品・返金を原則として認めています。ただし，腐敗性のある商品や，衛生面から試着した衣類などは返品できません。

4. Payment Terms

We accept payment for orders in US Dollars only by American Express, JCB, MasterCard, and Visa. All prices shown on the website are in US Dollars and are inclusive of applicable sales tax. Prices may change at any time. Applicable US state sales tax will be automatically deducted (where applicable) from merchandise dispatched to outside such US state.

4．支払い条件

当社は，米ドルでアメックス，JCB，マスター及びビザのクレジットカードによる支払を受け付けます。ウェブサイト上のすべての金額は米ドル表示であり適用される消費税を含むものです。価格はいつでも改定されます。米国NY州以外への発送の場合には，適用される消費税分が自動的に控除されます。

米ドルでクレジットカードによる支払を認めています。米国NY州以外への発送の場合には，消費税が課税されないので，その分控除されて請求されます。

---

5. Delivery
Please note that we cannot guarantee specific delivery dates and, please allow up to 5 working days for delivery within US and 12 working days for International delivery unless alternative dates are stated in the product description. This is subject to goods inventory and payment authorisation.

5．発送
当社は特定の発送日をお約束することができませんが，特に商品説明に注記がない限りは，アメリカ国内については5営業日，海外への発送については，12営業日を見込んでください。実際の発送日は，商品の在庫状況やクレジットカードの支払承認の時期に影響を受けます。

Key Word　payment authorisation（支払承認）

商品の発送日の約束はできないが，一応の目安が書かれています。

---

6. Limitations of liability
Except as set forth herein relating to our contractual obligations to supply goods following acceptance of your orders placed on our website, neither Makino, Inc. nor any of its agents, affiliates, directors, employees or other representatives will be liable for any loss or damage whatsoever in contract, tort, negligence or otherwise, except for the liability of any other person for fraudulent misrepresentation or for death or personal injury resulting from our or their negligence. We shall not be liable for

any indirect, or consequential damages, including damage for loss of business, loss of profits arising out of your ordered goods.

You agree to indemnify us and our agents and officers, directors and employees, immediately on demand, against all claims, liability, damages, costs and expenses, including legal fees, arising out of any breach of these Terms and Conditions by you.

６．責任制限

お客様のご注文受注後に商品を供給する当社の契約上の義務に関して本取引条件に記載ない限りは，牧野商会およびその代理人，関連会社，取締役，従業員もしくはその他の代表（「当社ら」）は契約，不法行為，過失責任その他いかなる法理論であっても損失もしくは損害に対して責任を負いません。ただし，詐欺的な不実表示や当社らの過失から発生した人身の死傷の責任を除きます。これらについて当社らは責任を負います。当社らは，お客様が注文された商品から発生する事業損失，逸失利益の損害を含み，間接的もしくは結果的損害に対して責任を負いません。

お客様は，本取引条件に対するお客様の違反により当社らが蒙った弁護士報酬を含む請求権，責任，損害，経費及び費用について，当社らを免責し，当社らが請求次第直ちに，補償することに合意します。

Key Word agents, affiliates, directors, employees（代理人，関連会社，取締役，従業員）；except for（を除き）；fraudulent misrepresentation（詐欺的な不実表示）；indirect, or consequential damages（間接的もしくは結果的損害）；indemnify（補償する）

　　Makino, Inc.は，注文した「商品から発生する事業損失，逸失利益の損害を含み，間接的もしくは結果的損害に対して責任を負いません」となっており，瑕疵担保責任（直接損害）を含み，いかなる損害に対しても責任を負わないとなっています。それどころか，反対に，顧客の契約違反によりMakino, Inc.に発生した損

害を顧客が補償することになっています。この点については，商品到着後に不具合が発生した場合の保証責任について事前に確認すべきです。

---

7. Jurisdiction

The website is operated in NY state. These Terms and Conditions and all matters connected with any of your order are governed by NY state law and you agree to submit to the exclusive jurisdiction of the NY courts in relation to all matters arising out of any of your order.

7．裁判管轄

本ウェブサイトはNY州で運営されています。したがって，本取引条件及びお客様のご注文に関するすべての事項は，NY州法によって解釈されます。さらに，お客様はご注文から発生するすべての事項についてNY州裁判所の専属管轄に従うことに同意します。

Key Word　exclusive jurisdiction（専属裁判管轄）

　　本取引条件及びこのサイトで行われた商品注文に関して発生するすべての紛争は，NY州裁判所で解決することに同意させられています。「NY州裁判所の専属管轄」とは，NY州裁判所以外で紛争解決しないという意味ですので，要注意です。

---

8. General

We may change these Terms and Conditions at any time. If any of these Terms and Conditions are invalid or unenforceable, the remainder of these Terms and Conditions shall continue to have full force and effect.

We will not be responsible to you for any delay or failure to comply with our obligations under these Terms and Conditions if the delay or failure arises from any cause beyond our reasonable control.

If you breach these Terms and Conditions and we take no action, we will still be entitled to use our rights and remedies in other situations where you are in breach.

8．一般条項

当社はこの取引条件をいつでも変更いたします。もしこの取引条件の一部の規定が無効となった場合には，残りの条項はそのまま有効に存続することとします。

もし当社の契約義務履行の遅れや不履行に陥った原因が当社の合理的な支配が及ばない事由により生じた場合には，当社はお客様に対して本取引条件の下で契約上の義務の履行遅滞や不履行についても責任を負わないこととします。

お客様が本取引条件に違反された場合で，当社がアクションを採らなかった場合でも，当社はお客様が違反をされた他の状況での当社権利や救済に対する権利を保持し続けることとします。

Key Word　cause beyond our reasonable control（合理的な支配が及ばない事由）

　　いわゆる「一般条項」の規定です。分離性，不可抗力，権利放棄について規定されています。これらについては，本書第3章で説明していますので，復習して下さい。

注文シートの例

Merchandise Order Form
商品注文書式

MAKINO, INC.
牧野商会（株）

Date of Order　_____
注文日
Shipment Request Date　_____
出荷希望日
Date Shipped　_____
出荷日

PLEASE TYPE OR PRINT

MERCHANDISE 商品番号	QUANTITY 数量	DESCRIPTION 品目	UNIT PRICE 単価	TOTAL AMOUNT 合計金額
			SUBTOTAL 小計	
			SHIPPING CHARGE 出荷手数料	
			TOTAL 合計	

NAME _____
氏名

SHIPPING ADDRESS
送り先住所

EMAIL _____
メールアドレス

METHOD OF PAYMENT　__CHECK　__CASH　__CREDIT CARD
支払方法　　　　　　　　小切手　　現金　　クレジットカード

TYPE OF CARD _____
カードの種類

CARD# _____
カード番号

EXPIRATION DATE _____
有効期限

SIGNATURE _____
サイン

第3章

一般条項を理解する

1 「一般条項」とは何か

　すべての種類の英文契約書に必ず含まれている条文を「一般条項（General Provisions）」と呼んでいます。一般条項は英文契約書の基本知識の宝庫ですので，一般条項を整理して，英文契約書の重要表現を押さえましょう。

　「**一般条項**」とは，どの種類の契約書にも必ず登場する条項のことです。たとえば，**守秘義務**，**契約解除**，**誠実協議**などの条項です。
　「一般条項」は，ビジネス条件と違って直接取引に影響を及ぼすことはありませんが，万一の場合に威力を発揮する条項です。これらは法務的・管理的な性格のものが多いので，契約の基本的な考え方や頻繁に出てくる基本的な言い回しを学ぶことができます。そこで，各種の契約書の説明に入る前に，一般条項を理解しマスターしてください。

2 一般条項の記載例

　ここでは主な一般条項の例を紹介し，必要に応じて解説を加えます。

❶ 契約期間（Term）

　契約の発効日と有効期間を規定するものです。契約期間が満了してしまい契約期間の延長や更新を失念すると無契約状態になるので，上記例のように「自動更新」を入れる場合が多いです。

> Unless sooner terminated as provided in this Agreement, this Agreement shall be valid for one year after the Effective Date, and shall be automatically extended for additional terms of one (1) year each, unless either party shall have otherwise notified to the other party in writing at least thirty (30) days prior to the expiry of this Agreement or any extension thereof.
>
> 本契約は，本契約の規定により中途解約されない限り，発効日から1年間効力を有し，いずれか一方が相手方に対して，本契約の満了日または更新された期間の満了する日の少なくとも30日前に更新しない旨の書面による通知を行わない場合に限り，1年ごとの期間で自動的に延長されるものとする。

❷ 契約解除 (Termination)

　　契約当事者は契約期間中契約に拘束されます。つまり，契約期間中は民法上の契約解除の事由（履行不能などハードルが高い）が発生しない限り契約上の義務から解放されることはありません。そこで，一方当事者に一定の事由が発生した場合に，他方当事者に解除権を与えて，不当な拘束から解放してもらうことができます。

　　契約で解除権の行使出来る場合を規定したので，約定解除権とよんで民法の法定解除権と区別しています。まずは契約違反による解除権の発生の場合です。

If either Party breaches any provision of this Agreement, the non-breaching Party may terminate this Agreement by serving on such breaching Party sixty (60) days written notice specifying such breach; provided however that if such breach is cured during the period of such notice, this Agreement shall continue with the same force as if such notice had not been given.

1. 一方当事者が本契約条項に違反した場合，無違反当事者は，違反当事者に対し，違反行為を明記した60日前の書面による通知を行うことにより，本契約を解除する権利を有する。ただし，当該違反が当該通知の期間内に是正された場合には，本契約は，上記の通知が行われなかったものとして従前と同じ効力を有し，存続するものとする。

　　次に一定の事由が発生した場合の解除権の規定です。資産の差押え，会社更生，手形の不渡り，財務の悪化，M&Aなどにより相手方に解除権が発生します。

Occurrence of Certain Facts

If any of the followings occurs on either Party, the other Party may forthwith terminate this Agreement, by serving on such Party written notice thereof:

(ⅰ) The property of either Party becomes subject to attachment, provisional attachment, provisional disposition, disposition by public sale, disposition for failure to pay taxes or any other similar disposition by a public authority;

(ⅱ) Either Party files a petition or has a petition filed against it by any person for corporate reorganization, bankruptcy or sale by public auction or similar procedure;

(ⅲ) Any note or draft issued by either Party is dishonored, or either Party otherwise becomes unable to make payments for its obligations;

(ⅳ) Serious change occurs in the assets, financial condition or business of either Party, and the attainment of the purpose of this Agreement thereby becomes impossible; or

(ⅴ) Merger, partition of business, or some other fundamental change of business structure occurs to either Party, as a result of which the continuation of this Agreement is rendered highly impracticable.

2．特定事実の発生

下記のいずれかの事実が一方当事者に発生した場合には，他方当事者は当該当事者に対し，書面による通知を行うことによりただちに本契約を解除することができる。

（ⅰ） 一方当事者の資産に対し，差押え，仮差押え，仮処分，競売，税金滞納に対する処分または当局によるその他類似した処分が行われた場合

[2] 一般条項の記載例

(ⅱ) 会社更生，破産または競売もしくは同様の手続きによる売却を理由として，一方当事者が自ら右の申請を行う場合，または第三者が当該当事者に対し右の申請を行った場合
(ⅲ) 一方当事者が発行した約束手形もしくは為替手形が不渡りになるか，または一方当事者が，その債務に対して右以外の理由で支払いができなくなった場合
(ⅳ) 一方当事者の資産，財務状況もしくは事業に重大な変更が生じ，そのため本契約の目的の達成が不可能になった場合
(ⅴ) 一方当事者に対し，合併，会社分割，もしくはその他の事業構造に根本的な変更が発生した場合で，その結果，本契約の継続の実行がきわめて不可能となった場合

❸ 契約終了の効果（Effects of Termination）

　　　契約解除の効果を規定しています。解除権の行使による契約の終了時に，その時点で未払いの債務はすべて期限の利益を失って（期限まで待ってもらえずに）その時点で支払わなければなりません。
　　　また，契約が解除されたのですから，契約は最初からなかったことになりますので，解除になった場合，原則として，引渡し済み商品及受渡し済み金品は直ちに返却しなくてはなりません。

Termination of this Agreement shall not affect any rights or liabilities accrued at the date of termination. Upon termination of this Agreement, all fees shall become due and payable immediately.
本契約の終了は終了日に成立している権利または義務に影響を及ぼさないものとする。本契約終了時に，すべての料金は即日支払われるものとする。

❹ 期限の利益の喪失（Acceleration）

契約解除の効果を規定しています。解除権の行使による契約の終了時に，その時点で未払いの債務はすべて期限の利益を失って（期限まで待ってもらえずに）その時点で支払わなければなりません。

Any payment obligations that either party owe the other party shall become immediately due and payable upon one or more of the following events:

(ⅰ) if either of the parties has become insolvent or become unable to pay any debts;

(ⅱ) if either of the parties has dishonored its promissory note, bill of exchange or check or has been declared for suspension of transaction with bank;

(ⅲ) if either of the parties defaults in the performance of any terms or conditions in this agreement: or

(ⅳ) any material representations made by either of the parties contained in this Agreement shall prove to have been false.

一方当事者が相手方に負う支払義務は，以下の事由が発生した場合には，ただちに支払期限となるものとする。

(ⅰ) 当事者のいずれかが破産したか，債務を支払うことが不可能になった場合

(ⅱ) 当事者のいずれかが約束手形を不渡りにしたか，為替手形もしくは小切手が銀行取引停止処分になった場合

(ⅲ) 当事者のいずれかが本契約の条項または条件を履行しない場合

(ⅳ) いずれかの当事者によってなされ，本契約に含まれる重大な表明が虚偽であったことが判明した場合

❺ 相殺（Setoff）

たとえば，買主が代金支払い債務を売主に負担する場合で，同時に売主が買主に対して債務不履行による損害賠償債務を負担しているときに，買主が債務不履行による損害額の相当額を控除して代金を支払うケースです。こうした相殺を認めるのが下記の例です。

Buyer may set off any amount due from Seller to Buyer or any subsidiary of Buyer, whether or not under this Agreement, against any amount due to Seller hereunder.

買主は，本契約に基づくものであるか否かを問わず，買主もしくはその子会社に対する債権を，売主が本契約で負担する債務と相殺することができる。

反対に，相殺を認めない規定例が下記の例です。

No Setoff Unless otherwise agreed upon between the parties hereto, any payment to be made under this Agreement shall not be offset by any other payment to be made between the parties hereto by any reason whatsoever.

相殺の禁止　両当事者において合意した場合を除き，本契約に基づいてなされる支払いは，いかなる理由においても，両当事者間においてなされるべき他の支払いとの相殺はできないものとする。

---

❻ 保証（Warranty）

法律で自動的に付与される黙示の保証や契約書の規定以外の保証の約束を排除するために，上記のようにDisclaimer（保証の排除）を規定することが多いです。契約で規定した保証条件がすべてであることを確認するための規定です。売主に有利な規定です。

Seller warrants that at the time of delivery, the Goods delivered under this Contract shall conform to the Specifications set forth in Exhibit A attached hereto and be free from defects in materials and workmanship under normal use. THESE WARRANTIES ARE IN LIEU OF ALL OTHER WARRANTIES, EXPRESS OR IMPLIED, INCLUDING WITHOUT LIMITATION WARRANTIES AS TO MERCHANTABILITY AND FITNESS FOR A PARTICULAR PURPOSE. 売主は，引渡しの時点で，本契約に基づき引き渡された本商品につき，本商品が本契約に添付する付属書Aに規定された仕様書に適合し，かつ通常の使用の下で材料および製造上の欠陥がないことを保証する。本保証は，明示または黙示の保証（商品性の保証，特定目的適合性の保証を含むが，これらに限定されない。）の代わりとなるものである。

❼ 責任制限（Limitation of Liability）

一方当事者が契約違反により相手方へ損害を与えた場合に，損害賠償金額に上限を設けているのが上記と下記の2つの例です。損害賠償責任を負う可能性が高い，売主側に有利な規定になっています。買主側としては，上限を設定せずに合理的な損害はすべて賠償させる規定に修正を要求すべきでしょう。損害賠償の規定が何も設けられていない場合には，上限も設けられていません。損害賠償の上限を当事者が合意すればそれは有効になります。

Seller's liability for all claims, however caused and on any theory of liability arising out of this Agreement, shall in no event exceed an amount equal of the total purchase revenue actually received by Seller in respect of the affected Products giving rise to such damages or the amount of US Dollars [＿＿＿＿＿] as a liquidated damages therefor, whichever is greater.

> 発生原因および責任の理論が何であるかを問わず，本契約から生じたすべての請求に対する売主の責任は，いかなる場合であっても，当該損害を与えた製品につき買主が実際に受領した購入売上金額に等しい額か，もしくは，その違約金として［　　　米ドル］のうち，いずれか大きい金額を超えないものとする。

いずれの当事者も直接損害以外は責任を負わないとする責任の範囲を制限する規定です。

> Neither party shall, under any circumstances, be liable for indirect, incidental, consequential or special damages, including, without limitation, loss of profits or revenues, punitive damages to or loss of personal property or claim of the other party.
> いずれの当事者も，いかなる状況下においても，逸失利益もしくは逸失収入，懲罰的損害賠償金，個人財産の損失または他方当事者の請求権の喪失を含む（がこれらに限られない）間接的，付随的，派生的または特別損害に対する責任を負わないものとする。

❽ 守秘義務（Confidentiality）

契約当事者が契約期間中に知り得た相手方の秘密情報もしくは個人情報を第三者に開示・漏洩することを禁じています。通常秘密保持の合意は，秘密情報を開示するごとに「秘密保持契約書」（Non-Disclosure Agreement=NDA）を締結することが一般的です。

一般条項としての「秘密保持条項」は，NDAを締結していない状態で，万一秘密情報が開示された場合にバックアップ的にカバーするための規定といえます。

The information, documents, data and/or materials provided by one party to the other party shall be utilized by the other party solely for the purpose of performing its responsibilities and obligations under this Agreement, and shall not be disclosed to a third party other than the parties hereto; provided however that such other party may disclose such information, documents, data and/or materials to a third party when required by law or judicial or other governmental proceedings to disclose them.

一方の当事者が他方当事者へ提供した情報，文書，データもしくは資料は，他方当事者が本契約に基づく責任および義務を履行するためにのみ使用することとし，かつ，当該当事者は，かかる情報，文書，データもしくは資料を本契約当事者以外の第三者に対し開示してはならない。ただし，当該他方当事者は，法律または司法もしくはその他の行政訴訟手続により，当該情報，文書，データ，もしくは資料の開示を要求されたときは，第三者に対し開示することができる。

❾ 個人情報の保護（Protection of Personal Data）

個人情報の漏洩により高額の損害賠償のリスクがあることから，近年（とくに個人情報保護法の施行以降）個人情報の保護義務が規定されることが多くなっています。

The Provider shall take necessary technical and organisational security measures as are required under its own national law to protect personal data processed by the Provider on behalf of the Customer.

プロバイダーは，顧客のために，自国の国内法で要求される必要な技術的組織的セキュリティー措置を採らなければならない。

⑩ 契約譲渡の禁止（No Assignment）

　　契約上の地位や権利義務の譲渡を禁止する規定です。各当事者の親会社・子会社・兄弟会社への譲渡を例外的に認めさせる規定も多くなっています。

　　契約は締結した相手方にしか契約上の請求ができませんので，勝手に契約上の地位や権利義務を譲渡したり，当事者が入れ替わることは原則としてできません。重要なのは，関係会社への譲渡を例外的に認めさせていることでしょう。

Neither party hereto shall assign or transfer this Agreement or any right or interest herein specified unless the only party has given its prior written consent thereto except assignment to each party's subsidiary or its parent company.

いずれの当事者も，その子会社もしくは親会社への譲渡を除いて，他方当事者の書面による事前の同意なくして本契約自体または本契約に規定される権利もしくは利益を譲渡ないし移転してはならない。

---

⑪ 不可抗力（Force Majeure）

　　当事者の支配を超えた事由によって債務不履行になっても当事者は債務不履行の責任を負わないとする規定です。これは一般条項に含まれることが多いのですが，よくよく考えると売主側に有利な規定です。火災や労働争議は必ずしも不可抗力とは言えない場合があります。すなわち，火災が従業員のタバコの火の不始末による場合や，経営者の交渉が稚拙であったのでストライキへ突入した場合などです。

　　不可抗力の場合には，売主は自己の責に帰さない原因による債務不履行であることを証明できれば不可抗力は主張できますので，不可抗力規定がなくても売主は救済されます。この規定をしておきたいのは，そのような不可抗力とは言えない事由を含めて，不可抗力ではない立証責任を相手方（買主）へ転嫁したいためです。

Neither party shall be liable to the other party for any delay or failure in the performance of its obligations under this Agreement if and to the extent such delay or failure in performance due to any cause or causes beyond the reasonable control of the party affected ("Force Majeure"), including, but not limited to, act of God; acts of government or governmental authorities (including without limitations, governmental order, guidance, advice) compliance with law, regulation or orders; fire; storm; flood or earthquake; war (declared or not), rebellion, revolution, or riots; epidemics, pandemic, radioactive contamination, strike or lockouts. The above Force Majeure shall include without limitations, the event when either Party has closed its business or operations due to either of the above events, in order to protect health and safety of the employees and officers.

いずれの当事者も，本契約の義務の不履行及び遅滞が，影響を受ける当事者の合理的支配を超えた原因（以下「不可抗力」という。）により生じた場合には，本契約の義務の当該不履行及び遅滞に対する責任を負わない。この不可抗力には，天変地異，政府・政府機関の行為（行政命令・行政指導・勧告を含むがそれらに限定されない），法令順守，火災，嵐，洪水・地震，（宣言されているかどうかを問わず）戦争，反逆，革命，騒乱，疫病，パンデミック，放射能汚染，ストライキ・ロックアウトを含むがこれらに限定されない。なお，上記不可抗力には，その役職員の健康及び安全を保護するため上記いずれかの原因により一方当事者がその事業や操業を閉鎖した場合を含むがこれらに限定されない。

Key Word　due to 〜（〜を原因として）

⑫ 反社会的勢力（Antisocial Force）

近年の暴対法や地方自治体による条例規制により，英文契約書

でも，反社会的勢力の排除が規定されることが多くなっています。一般条項として入ってくることが多いですが，別途覚書で詳細な反社会的勢力の排除と違反の場合の解除権や損害賠償責任を定めて合意することも多くなっています。

At the time of execution of this Agreement, Buyer represent and warrant to Seller that it, its parent company, and any of its subsidiaries, affiliates, directors, officers and employees are not crime syndicates, members of crime syndicate, crime syndicate-related companies or associations, corporate racketeer or any other antisocial forces (collectively, an "Antisocial Force") and that it, its parent company, and any of its subsidiaries, affiliates, directors, officers and employees are not and will not involved in any actions or activities using, or jointly associated with, any Antisocial Force.

買主は，本契約締結時，売主に対し，自ら，その親会社，子会社，関連会社，役員および従業員は，暴力団，暴力団構成員，暴力団関係企業または団体，総会屋，その他の反社会的勢力（以下，併せて「反社会的勢力」という。）でないこと，ならびに，自ら，その親会社，子会社，関連会社，役員および従業員が反社会的勢力を利用し，または反社会的勢力と連携しての行為または活動に関与しておらず，今後も関与しないことを表明保証する。

⓭ 残存条項（Survival Provisions）

本契約の終了後といえども，たとえば守秘義務条項など有効なままに残すことが必要な条項があります。それらの残すべき条項を指定して効力を残存させる規定です。「契約終了の効果」のところへ追記してもよいでしょう。英文契約ではよくみられますが，サバイバル規定ともいいます。

最近では日本語の契約書でもみられることが多くなっています。

All rights and obligations accruing to either Party hereunder shall forthwith lapse upon expiration or termination of this Agreement for any reason, except for the obligations assumed by the Parties under Articles X, XX, XXX and XXXX hereof.
本契約第X条，第XX条，第XXX条及び第XXXX条に基づき当事者が負担する義務を除き，本契約の期間満了後またはいかなる理由による解除後も，直ちに，本契約に基づき各当事者に対して生じる一切の権利は効力を失う。

⓮ 完全条項（Entire Agreement）

「完全合意条項」は，もともとは英文契約書からきたものですが，契約書に書かれていることが当事者間の合意のすべてであるという意味ですので，契約締結以前に行われた，契約書の合意と異なる合意は排除されます。

それに対して，「誠実協議条項」は，最終的な契約書の内容をもっとも重視はしますが，それ以前の経緯となる文書なども参考にされますので，自動的に排除されるわけではありません。前者は欧米的アプローチですが，後者は日本的アプローチといえるでしょう。

This Agreement sets forth the entire understanding and agreement between the Parties as to the subject matter of this Agreement and merges and supersedes all previous communications, negotiations, warranties, representations and agreements, either oral or written, with respect to the subject matter hereof, and no addition to or modification of this Agreement shall be binding on either Party hereto unless reduced to writing and agreed upon by each of the Parties hereto.

本契約は，本契約の主題に関する両当事者間の完全な了解事項および合意事項を定め，本契約の主題に関する口頭または書面による従前のすべての連絡，協議，保証，表明および合意事項に優先し，かつ，これらにとって代わる。また，本契約への追加または修正が本契約の当事者を拘束するには，その追加または修正を文書化し，かつ，本契約の両当事者それぞれがそれに同意することを要する。

⑮ 裁判管轄（Jurisdiction）

当事者間の紛争の解決をどこの裁判所で行うかにつき合意する規定です。紛争解決の方法には，訴訟以外にも仲裁や和解（話し合い）による場合もあります。裁判所は自社の本社所在地にしたほうが担当弁護士や社内スタッフの移動時間や費用を節約できます。

All actions or proceedings relating to this Agreement shall be conducted in the Tokyo District Court, and both Parties hereto consent to the exclusive jurisdiction of the said court.

本契約に関するすべての訴訟は，東京地方裁判所で行われるものとし，両当事者は当該裁判所を専属管轄裁判所とすることに合意する。

---

⑯ 仲裁条項（Arbitration）

当事者間の紛争の解決を仲裁で行うことを当事者があらかじめ合意しておく規定です。紛争解決の方法には，他に，訴訟や和解（話し合い）による場合もあります。仲裁合意とは，当事者が選んだ中立的第三者である仲裁人に紛争の解決を判断させて，その判断に従うことを当事者が合意するものです。

仲裁判断は当事者が任意に従うものではなく，法律により確定判決と同一の効力が認められています（仲裁法第45条）。仲裁合意があるのに，一方の当事者が裁判を提起した場合には，他方の

当事者が仲裁合意の存在を主張すれば，訴えは棄却される。これを妨訴の抗弁といいます。この点では，裁判と仲裁は二者択一の関係にあることになります。

> Any and all disputes concerning questions of fact or law arising from or in connection with the interpretation, performance, nonperformance or termination of this Agreement including the validity, scope, or enforceability of this Agreement shall be settled by mutual consultation between the Parties in good faith as promptly as possible, but if both Parties fail to make an amicable settlement, such disputes shall be settled by arbitration in Tokyo in accordance with the rules of the Japan Commercial Arbitration Association. Such arbitration shall be conducted in English. The award of the arbitrators shall be final and binding upon the Parties.
> 本契約の有効性，有効範囲，または執行可能性を含む本契約の解釈，履行，不履行，または解除に起因もしくは関連して生じる事実問題または法的問題に関するすべての紛争は，誠実に，かつできるだけ速やかに両当事者間で相互の話し合いをもって解決するものとする。ただし，両当事者が友好的に解決できない場合には，当該紛争は東京において，JCAA（日本商事仲裁協会）の規則に従って仲裁により解決されるものとする。当該仲裁は，英語でなされる。仲裁人の裁定は最終的であり，当事者を拘束するものとする。

裁判と仲裁を比較すると次頁の図表になります。以下を参考にして，紛争解決は裁判か仲裁のいずれによるかを決定されると良いでしょう。

裁判と仲裁の比較

項目	裁判（訴訟）	仲裁
判断者	職業裁判官（当事者は選択できない）	仲裁人（当事者は選択できるので，たとえばビジネスに精通した仲裁人を選ぶことができる）
公開制	原則として公開	非公開
法的拘束力	あり	確定判決と同じ効力（仲裁法第45条）
解決期間	三審制で一般に長期化	仲裁人判断は上訴できない（一度の判断で確定する）ので早期に解決が可能
その他	当事者の関係は敵対的	当事者の関係は裁判に比べてより有効的

⓱ 分離性（Severability）

"severability"（可分性，分離性）という条項があります。一部の条項が法的な効力を持たないと判断された場合に，その条項は無効とみなされますが，ただし，それ以外の条項についてはそのまま効力を持つというのがこの条項の趣旨になります。たとえば，独禁法違反で無効な条項があった場合，そこだけが無効であり，その他の条項の有効性には影響を及ぼさないという解釈をします。

Should any provision of this Agreement be deemed to contradict the laws of any jurisdiction where it shall be performed or to be unenforceable for any person, such provision shall be deemed null and void, but this Agreement shall remain in force in all other respects.

本契約のいかなる条項も，管轄法域の法律に抵触する，または何人に対しても法的拘束力をもたないとみなされた場合には，当該条項は無効とみなされる。ただし，本契約は他のすべての面においては有効に存続するものとする。

⓲ 通知(Notice)

「通知」(Notice)ですが,これは,たとえば契約解除をする場合に,誰あてにどういった手段で通知をすればよいのかを明確にする必要があります。最近は電子メールでもよいというケースも出てきましたが,電子メールはやはり簡単に改竄ができてしまうので,書面かファックスがよいでしょう。ファックスでは送信記録も残ります。

この場合は,テレックス,書留め,配達証明となっていますが,最後の"certified mail"は内容証明ではありません。内容証明は日本特有の制度で,海外ではあまり見られないシステムです。配達証明は,配達したという証明を付けるもので,書留の一種です。

Except as otherwise specifically provided in this Agreement, all notices and other communications required or permitted to be given under this Agreement shall be in writing in the English language and shall be delivered personally or sent by confirmed telex or facsimile or email or registered or certified mail to the other Party to this Agreement at the following address:

(ⅰ) To XXX　President

　　　Company XXX

　　　Address

　　　Telefax No.

(ⅱ) To YYY　President

　　　Company YYY

　　　Address

　　　Telefax No.

本契約上特別に規定する場合を除き,本契約に基づき要求または許可されるすべての通知およびその他の通信は,英語による書面とし,直接手渡し,または確認付きテレックスもしくはファックス,電子メールまたは書留もしくは配達証明郵便にて,本契約の他方当事者に対し下記の住所宛てに送付されるものとする。

```
（ⅰ）XXX社宛    社長
        XXX社
        住所
        ファックス番号
（ⅱ）YYY社宛    社長
        YYY社
        住所
        ファックス番号
```

⑲ 法令順守（Compliance）

　　　　買主は，本契約及び個別契約の締結・履行に関連する法令を順守しなければならないと規定されています。

Buyer shall comply with the laws and administrative guidance relating to execution and performance of this Master Agreement and each individual contract, and shall observe related regulations.
買主は，本基本契約および個別の契約の締結および履行に関し，法および行政指導を順守するものとし，関連規制も順守するものとする。

⑳ 児童労働の禁止（Child labor）

　　　　一部の企業では，新興国で安い労働力として児童労働を利用しているという実態があります。この規定は，企業の社会的責任の一つとして児童労働の利用を禁止することを約するものです。

The manufacturer does not employ any person below the age of 18 to produce AAA. The manufacturer does not employ any person below the age of 16 to produce BBB.

> 製造者は，AAAを生産するために，18歳未満の者を雇用しない。製造者は，BBBを生産するために，16歳未満の者を雇用しない。

㉑ 代理関係（No Agency）

「代理関係」（No Agency）ですが，ここでは，この契約はあくまで独立当事者の契約である，つまり，一方が他方の代理人になるということではないということを言っています。"No Agency"ですから本来ならば「非代理関係」と訳さなければならないのですが，見出しでは略される場合が多く見られます。joint venture（合弁事業）も否定しています。また"partnership"というのは分かり難いのですが，日本でいうと組合に近いでしょうか。"partnership"というのは相互に代理関係に立つもので，それもここでは否定しています。

> Seller shall be an independent contractor, and this Agreement does not create a joint venture, partnership, or an employer-employee relationship between Buyer and Seller.
> 売主は独立契約者であり，本契約は，売主買主間に合弁事業，パートナーシップもしくは雇用関係を創出するものではない。

㉒ 準拠法（Governing Law）

「準拠法」（Governing Law）では，契約書の解釈を行う場合には，日本法が準拠法となることが書かれています。第1章③でみたように，契約書に規定されていなくても補充される「任意法規」の部分と，契約書に規定されていても法令違反等により無効とされてしまう「強行法規」の部分が，どこの国の法律で解釈されるかによって異なってきます。

> This Agreement shall be governed by and construed in accordance with the laws of Japan.
> 本契約は日本法に準拠し，日本法に従って解釈されるものとする。

㉓ 弁護士報酬の敗訴者負担（Attorney Fees）

訴訟で勝訴しても，裁判所へ支払った手数料は，敗訴当事者が負担することが一般的ですが，他方で，訴訟に掛かった費用（弁護士報酬等の裁判費用）は，勝訴当事者でも負担するのが原則の国も多いのです（ただし，EUの多くの国のように裁判費用を敗訴当事者が負担することを法律で決めている国もあります）。そこで，契約書で合意しておけば，裁判費用を敗訴当事者が負担することになります。

> In the event that a litigation between the parties with regard to this Agreement is brought before court, the prevailing party is entitled to recover costs of the litigation and its attorneys fees and costs from the non-prevailing party.
> 本契約に関し，両当事者間で裁判所に訴訟が提起された場合，勝訴当事者は，敗訴当事者より訴訟費用および弁護士費用を請求する権利を有する。

㉔ 権利放棄（Waiver）

「権利放棄」(Waiver) ですが，英米法の場合，たとえば，本来の支払い期限が引き渡しの翌月末で，買主の支払いがそれを1週間超過し，売主がそれをそのまま受領し，それが続いた場合，売主は本来の支払い期限＋1週間を認めた，すなわち権利放棄したことになってしまいます。日本法ではこういうものはないのですが，英米法ではequityの考え方でこうしたことが生じる可能性があります。したがって，この条項で，一度放棄したからといっ

て以後も影響を及ぼすということはないと明記しているわけです。これは準拠法が英米法の場合に意味をもってくるのですが，ここでの準拠法は日本法ですので，あまり意味がないと言ってよいでしょう。

> The failure of either Party hereto at any time to require performance by the other Party of any responsibility or obligation hereunder shall in no way affect the full right to require such performance at any time hereafter.
> 権利放棄　本契約の当事者のいずれか一方が相手方による本契約に基づく責任または義務の履行を要求しなかった場合でも，そのことは，その後の上記履行請求権にはいかなる意味においても影響を及ぼさない。

㉕ 見出し（Headings）

「見出し」（Headings）では，見出しは便宜上であって，契約書の各条項を解釈する際の指針にはならないと言っています。

> All headings used in this Agreement are inserted for convenience only and are not intended to affect the meaning or interpretation of this Agreement or any clause or provision herein.
> 本契約で使用されるすべての見出しは，便宜上挿入されているにすぎず，本契約または本契約の条項もしくは規定の意味または解釈に影響を及ぼすことは意図されていない。

㉖ 使用言語（Language）

「使用言語」（Language）では，契約書はすべて英語によるということが書かれています。他の言語へ翻訳される場合でも，英語版が優先して適用されることが書かれています。

This Agreement is drawn up in the English language. This Agreement may be translated into any language other than English; provided however that the English text shall in any event prevail.

本契約は，英語により作成される。本契約は，英語以外の言語に翻訳される場合があるが，いかなる場合においても，英語の本文が優先するものとする。

3 一般条項の契約交渉

　一般条項の交渉の方法について考えてみましょう。相手方から提示されてくる一般条項の条項案の中には，相手方に一方的に有利な規定が多いのですが，どのように対処すべきでしょうか。

　たとえば，期間満了前の契約解除権について，相手方（買主）が契約違反の場合でも，当方（売主）に解除権が規定されておらず，当方（売主）の契約違反の場合に相手方（買主）だけに解除権が認められている不平等規定があります。

[買主提示案]

Breaches of this Agreement

If Seller breaches any provision of this Agreement, Buyer shall have the right to terminate this Agreement by serving on Seller sixty (60) days written notice specifying such breach; provided however that if such breach is cured during the period of such notice, this Agreement shall continue with the same force as if such notice had not been given.

売主が本契約条項に違反した場合，買主は，売主に対し，違反行為を明記した60日前の書面による通知を行うことにより，本契約を解除する権利を有する。ただし，当該違反が当該通知の期間内に是正された場合には，本契約は，上記の通知が行われなかったものとして従前と同じ効力を有し，存続するものとする。

【回答】

　対等な関係にしてもらうために，それらの規定を双方向

(mutual, reciprocal) にしてもらう必要があります。先ほどの例では，双方に解除権を規定するなどの対応が必要です。具体的には，以下のように修正する必要があります。

[売主提示案]

> **Breaches of this Agreement**
> If <u>either Party</u> breaches any provision of this Agreement, <u>the non-breaching Party</u> shall have the right to terminate this Agreement by serving on <u>such breaching Party</u> sixty (60) days written notice specifying such breach; provided however that if such breach is cured during the period of such notice, this Agreement shall continue with the same force as if such notice had not been given.
> <u>一方当事者</u>が本契約条項に違反した場合，<u>無違反当事者</u>は，<u>違反当事者</u>に対し，違反行為を明記した60日前の書面による通知を行うことにより，本契約を解除する権利を有する。ただし，当該違反が当該通知の期間内に是正された場合には，本契約は，上記の通知が行われなかったものとして従前と同じ効力を有し，存続するものとする。

多くの契約書で共通する一般条項ですが，このような細かい文言で，後々，ビジネスに影響がでる可能性があります。けっして，おろそかにしないように心がけてください。

第4章

英文契約書の
読み方・考え方
—「売買契約」などからエッセンスを学ぶ

１ 国際売買契約の一般取引約款

　最初に国際売買契約のシンプルな形式を勉強しましたので，次に，実際にビジネスで使用されている契約書式を見ていきましょう。基本的な考え方は，個人のネットショッピングと同じですので，そこで学んだ知識を活用してください。

　企業間で国際売買取引を行う場合には，基本契約書が締結されることが多いのですが，交渉に時間がかかったり，あるいは，スポット（１回切り）売買取引の場合には，そこまで交渉に時間をかけることができません。そこで，国際売買取引を行う場合に，基本契約書が締結されていない場合でも成立した売買契約へ適用される目的で利用される「売買契約の一般取引約款」を見てみましょう。たとえば，売主が提示してきた約款に対して，とくに異議を申し立てずに買主が購入注文をしてしまうと，売主が提示してきた約款に買主が同意したと解釈されます。

　【練習問題】それでは，以下の売買約款を読みながら，売主と買主のどちらに有利な「一般取引約款」であるか（つまりどちらがドラフトした規約であるか）を考えてみましょう。

Seller shall sell and deliver to Buyer, and Buyer shall purchase and accept from Seller, Goods （"Goods"） pursuant to the following Terms and Conditions （"Terms"）.

商品（以下，「本商品」という。）を，以下の一般取引条件（「本規約」）に従い，売主は買主に対し売り渡し，買主は売主から購入し受領するものとする。

1. Acceptance of Order

With respect to Goods purchased by Buyer from Seller, no contract exists until Buyer places order for delivery and such order is accepted by Seller's acknowledging receipt of the order, by Seller's commencement of work on the Goods ordered, or by Seller's shipment of the Goods, whichever occurs first. Any acceptance will be limited to the express terms contained on the face hereof. Additional or different terms in Buyer's forms or any attempt by Buyer to vary in any degree any of the terms of the Terms shall be deemed material and are objected to and rejected, but this shall not prevent the formation of a contract between Buyer and Seller unless such variances are in the terms of the description, quantity, price or delivery schedule of the goods, and the order shall be deemed accepted by Seller without said additional or different terms. All Goods shall be deemed accepted by Buyer upon the earlier of (i) when Buyer uses such Goods in the ordinary course of its business or (ii) 45 days after delivery.

第1条　注文の承諾

売主から買主が購入した商品（以下「商品」という。）に関して，買主が引渡の注文を為すとともに，売主によるかかる注文受領の確認，注文商品の手配開始，または商品出荷のうち，いずれか早いものが生じた時点で契約が成立する。いかなる承諾も本規約の文面に記載された明示条件に限定される。買主の書式での追加的もしくは異なる条件，もしくは買主による本規約の条件を多少なりとも変更しようとするいかなる行為も重要と見なされ，反対され拒否されるが，かかる変更が商品の明細，数量，価格または引渡予定の条項でない場合，これにより買主と売主間の契約の成立は妨げられず，注文は前述の追加的または異なる条件なしで売主によって承諾されたものと見なされる。すべての商品は次のいずれか早い時点で買主に受領されたものと見なされる。(i) 買主が通常の事業で当該商品を使用する時点，または (ii) 引渡後45日の時点。

> **Key Word**　acknowledging receipt of the order（注文受領の確認）；commencement of work（手配開始）；whichever occurs first（いずれか早いもの）；express terms（明示条件）；additional or different terms（追加的もしくは異なる条件）；deemed material（重要と見なされ）；be objected to and rejected（反対され拒否される）；description, quantity, price or delivery schedule（明細，数量，価格または引渡予定）；upon the earlier of（いずれか早い時点）

　「買主の書式での追加的または異なる条件，もしくは買主による本規約の条件を多少なりとも変更しようとするいかなる行為も実質的と見なされ，反対され拒否される」とあり，買主から提示された取引約款があっても，その効力をすべて否定する規定になっています。買主に不利な条項です。

> 2. Payment Terms
> Unless otherwise specified on this terms and conditions, payment terms are net 60 days from the date of invoice, subject to the approval of Seller's credit department.
> 第2条　支払条件
> 本一般取引約款に別段の定めがない限り，支払条件は請求書の日付より60日以内とし，売主の審査部の承認を必要とする。

　支払条件が一応合意されていますが，最終的には，売主の審査部の承認が必要とされている点を注意してください。買主に不利な条項です。

> 3. Taxes
> The price does not include an federal, state or local property, license, privilege, sales, use, excise, gross receipts, value added or

other like taxes which may be applicable to, or imposed upon, the transaction, the goods, or the sale, transportation, delivery, value or use thereof, or any services performed in connection therewith. Such taxes are for the account of the Buyer and Buyer agrees to pay or reimburse any such taxes which Seller or its contractors or suppliers are required to pay.

第3条　税金

価格には，取引，商品またはその販売，運輸，引渡，本商品の価値もしくは使用，または本商品に関連して提供されるサービスに適用されまたは課せられる，連邦，州または郡の固定資産税，免許税，営業税，売上税，使用税，消費税，総受取金税，付加価値税，またはその他同様の税を含まない。かかる税は買主の負担とし，買主は売主またはその請負業者または供給者が支払いを要求された税金に対して支払いおよび補償することに同意する。

Key Word property, license, privilege, sales, use, excise, gross receipts, value added taxes（固定資産税，免許税，営業税，売上税，使用税，消費税，総受取金税，付加価値税）；any services performed in connection therewith（本商品に関連して提供されるサービス）；contractors or suppliers（請負業者または供給者）

　　この売買取引で課される税金は，すべて買主の負担になっている点に注意してください。本件のように売買契約の場合には，消費税などは想定可能な範囲ですが，後述（本章④）のライセンス契約の対価（使用料）の支払いの場合には，支払い当事者の国の側で源泉徴収税が発生して，受取り当事者の手取りが減ってしまうサプライズが出て来ますので，注意が必要です。一般的に買主に不利な条項です。

4. Force Majeure

Seller shall not be liable for failure to perform or for delay in performance due to any cause beyond its reasonable control, including but not limited to fire, flood, strike or other labor difficulty, act of God, any legal proceeding, act of any governmental authority, act of Buyer, war, riot, sabotage, civil disturbance, embargo, fuel or energy shortage, wreck or delay in transportation, major equipment breakdown, inability to obtain necessary labor, materials or manufacturing facilities from usual sources, or any act, delay or failure to act of Seller's suppliers and subcontractors of any tiers, beyond Seller or such supplier's or subcontractor's reasonable control.

第4条　不可抗力

売主は，自らが合理的に支配できない事由による義務の不履行または履行の遅延について，その責任を負わないものとする。その事由とは，火災，洪水，ストライキまたはその他の労働争議，天災，法的措置，政府機関の行為，買主の行為，戦争，暴動，妨害，反乱，禁輸措置，燃料不足，運輸での事故または遅延，主要設備の故障，通常の調達元からの必要な労働，材料または生産設備の入手不能，もしくは，売主または売主の供給者ならびに下請け業者が合理的に支配できない原因による，売主の供給者およびいかなる階層の下請業者のいかなる行為，遅延または不履行を含み，かつそれらに限らないものとする。

Key Word　labor difficulty（労働争議）；governmental authority（政府機関）；civil disturbance（反乱）；embargo（禁輸措置）；major equipment breakdown（主要設備の故障）；suppliers and subcontractors of any tiers（供給者およびいかなる階層の下請業者）

　　　　　不可抗力の事由の中に，必ずしも不可抗力と言えない事由（火

災，ストライキまたはその他の労働争議，材料または生産設備の入手不能など）が紛れ込んでいてすべて買主の負担（不可抗力でないと証明することが必要です）になっている点に注意してください。

5. Warranty

Seller warrants to Buyer that the Goods purchased by Buyer from Seller shall be free from defects in material and workmanship. This warranty is the only warranty applicable to the Goods. Seller's liability for breach of warranty shall be limited solely and exclusively to repairing or replacing, at Seller's option, the defective Goods.

THERE ARE NO OTHER WARRANTIES OF ANY KIND, EXPRESS OR IMPLIED, INCLUDING BUT NOT LIMITED TO THE IMPLIED WARRANTIES OF MERCHANTABILITY AND FITNESS FOR A PARTICULAR PURPOSE WHICH ARE HEREBY DISCLAIMED. THE REMEDIES SET FOR BREACH OF WARRANTIES SET FORTH ABOVE ARE EXCLUSIVE REMEDIES AND SELLER SHALL NOT BE RESPONSIBLE FOR ANY INDIRECT, SPECIAL, INCIDENTAL OR CONSEQUENTIAL DAMAGES.

第5条　保証

売主は買主に対して，売主から購入した商品は材料および製造上の欠陥がないことを保証する。本保証は本商品に適用される唯一の保証である。売主の保証違反に対する責任は，売主の選択するところにより，唯一かつ排他的に，欠陥商品の修補か，または商品の交換に限定されるものとする。売主は，明示または黙示を問わず，上記以外の保証（市場性および特定目的への適合性の黙示保証を含みこれらに限定されない）を行うものではなく，その他一切の保証は放

棄される。上記に定められた保証違反に対する救済は唯一の救済であり，売主は，間接，特別，付随的または派生的損害についても責任を有しないものとする。

> **Key Word** defects in material and workmanship（材料および製造上の欠陥）；be limited solely and exclusively to（唯一かつ排他的に限定される）

　　　　上記以外の保証は一切行わないという主旨は，設計上の欠陥や警告上の欠陥を保証から除外している点に注意してください。買主に不利な条項です。

---

6. Exclusions
The above warranty does not cover, and Seller will have no responsibility for any failure to meet any warranty if the defects is caused due to the cause attributable to Buyer.
第6条　保証の適用除外
上記保証は買主に帰すべき原因によって発生した欠陥に対しては適用されないとともに，売主はそれらの保証に対して責任を負わない。

> **Key Word** cause attributable to Buyer（買主に帰すべき原因）

　　　　この規定では，買主の責任が一部でもあった場合に売主が免責されてしまいます。リスクは買主にある規定です。

---

7. Limitation of Liability
In no event shall the liability of Seller for breach of any contractual provision relating to the Goods exceed the purchase price of the Goods quoted herein. In no event shall Seller be liable for any special, incidental or consequential damages arising out of Buyer's use or sale of the Goods or Seller's breach of any contractual

provisions relating to the Goods, including but not limited to any loss of profits or production by Buyer. Any action resulting from any breach by Seller must be commenced within one year after the cause of action has accrued.

第7条　責任制限
商品に関する契約条項違反に対する売主の保証は，いかなる場合であれ，本契約で見積もられた商品の購入価格を超えないものとする。売主は，いかなる場合であれ，買主の商品の使用または販売から生じた，または売主の商品に関する契約条項違反から生じた，買主の利益または生産の損失を含む（ただしこれに限定されない。），特別，付随的または派生的損害に対して責任を負わない。売主の契約違反に対して訴訟を起こす場合は，訴訟の原因が発生してから1年以内に開始されなければならない。

Key Word　must be commenced within one year（1年以内に開始されなければならない）

　　　　売主の損害賠償責任を直接損害に限定した上で，さらに金額の上限を設けています。買主に不利な条項です。

8. Indemnity
Except to the extent caused by Seller's breach of warranty, Buyer shall indemnify and hold harmless Seller, its employees, officers and directors, and their respective successors and assigns, (collectively, "Indemnities") from and against any and all liability, damages, claims, causes of action, losses, costs and expenses (including attorneys' fees) of any kind (collectively, "Damages") arising out of injuries to any person (including death) or damage to any property caused by or related to the Goods or any negligent act or omission of Buyer, its employees or agents. Buyer

shall indemnify and hold harmless each of the Indemnities from and against any and all Damages, royalties and license fees arising from or for infringement of any patent by reason of any sale or use of the Goods or the manufacture of the Goods to Buyer's specifications or sample. Upon the tendering of any of the foregoing suits or claims to Buyer, Buyer shall defend the same at Buyer's expense. The foregoing obligations of Buyer shall apply whether Seller or Buyer defends such suit or claim.

第8条　免責
売主の保証違反による場合を除き，買主は，商品によるまたは商品に関連して生じた，または買主，その従業員または代理人の過失行為または不作為から生じた，人身に対する傷害（死亡も含む。）または財産への損害に対する，すべての責任，損害，クレーム，訴訟原因，損失，費用（弁護士費用も含む。）からその従業員，執行役員および取締役，ならびにそれぞれの承継人と譲受人（以下，総称的に「被免責者」という。）を防御・保証する。買主は，商品の販売もしくは使用，または買主の仕様もしくはサンプルによる商品の製造により，特許侵害から生じたすべての損害，ロイヤルティーおよびライセンス費用から被免責者を防御・保証する。買主に対する上記の訴えや申し立てが提訴された場合，買主は自己の費用で同様に弁護するものとする。上記の買主の義務は，売主買主を問わず，かかる訴えや申し立てに対して弁護する際に適用されるものとする。

Key Word　except to the extent caused by Seller's breach of warranty（売主の保証違反による場合を除き）；indemnities（被免責者）

　　購入商品から生じた一般的な損害（前半）と第三者の知的財産侵害時に発生した損害（後半）について，買主が売主を免責する形で一方的に責任を負うことになっています。買主に不利な条項です。

9. Term and Termination

This agreement shall commence on the date of acceptance and shall continue for twelve (12) months from such date. This agreement shall automatically renew for an additional twelve (12) month term on each anniversary of the acceptance date, unless either party gives at least 30 days' prior written notice of its intent to terminate. If Buyer terminates this agreement and Seller has procured raw material in accordance with Buyer product releases for releases which would have occurred after the termination date, Buyer shall either (i) purchase such raw material from Seller at Seller's cost or (ii) purchase product until such time as Seller has exhausted such raw material supplies.

第9条　契約期間と解除

本契約は承諾の日付に発効し，発効日より12か月の間効力を有する。本契約は，引き続き，毎年，承諾の日付と同じ日付に自動的に延長される。ただし，一方当事者が他方当事者に対し，30日前までに書面にて契約解除の意思を通知した場合は，その限りではない。買主が本契約を解除し，売主が，買主の製品発売に合わせて，解除日以降に生じるかかる発売のために原材料を調達してあった場合，買主は，(i) 売主が決めた価格で売主から当該原材料を購入する，または (ii) 当該原材料の在庫が終了するまで，売主から製品を購入するものとする。

Key Word　on each anniversary of the acceptance date（毎年，承諾の日付と同じ日付に）；raw material（原材料）；has exhausted such raw material supplies（当該原材料の在庫が終了する）

　　契約期間と解除の規定に加えて，契約終了時に仕掛かり材料があった場合に，買主の商品購入義務を定めています。買主に不利な条項です。

> 10. Changes
> Any changes in orders requested by Buyer, including, without limitation, design, scope of work, delivery or increase or decrease in quantities shall only be effective if accepted in writing by Seller. Such changes may require other terms and conditions to be modified, including price terms and Seller reserves the right to make such adjustments.
> 第10条　変更
> 買主から要求された注文の変更は，設計，業務範囲，引渡または数量の増減などを含めて，売主が書面にて同意した場合のみ有効となる。かかる変更では，価格条件を含むその他の条件の変更を必要とするため，売主はかかる調整を行う権利を留保する。

　　　買主による注文の変更のためにはつねに売主の書面同意が求められています。買主に不利な条項です。

> 11. General
> The contract arising pursuant to this order shall be governed by the laws of the States of New York without giving effect to its conflict of law principles. The remedies provided herein shall be cumulative and in addition to any other remedies provided by law or equity. Either party's failure to insist on performance of any of the terms and conditions of this order or exercise any right shall not be deemed a waiver unless in writing signed by the party waiving performance. A waiver on one accession shall not thereafter operate as a waiver of any other terms, conditions or rights, whether of the same of similar type.

第11条　一般条項
本注文によって生じる契約は，ニューヨーク州法に準拠し，（買主の所在する実際の国や州の）抵触法の規定には影響されないものとする。本契約に定める救済方法は他の救済方法を排するものではなく，コモンロー上または衡平法上与えられるその他の救済方法との関係では付加的なものである。いずれの当事者が本注文の条件の履行を主張しない場合，または権利の行使を行わない場合にも，当該当事者が履行の放棄を署名した書面によらない限り，権利放棄とはみなされないものとする。一度の権利放棄は，それ以降，その他の条件または権利（同一または同様の種類であれ）に対する権利放棄とはならないものとする。

Key Word　conflict of law principles（抵触法の規定）；any other remedies provided by law or equity（コモンロー上または衡平法上与えられるその他の救済方法）；a waiver on one accession（一度の権利放棄）

　一般条項として，準拠法をニューヨーク州法として指定しており，契約上の救済方法が英米法上の救済方法に対して付加的であることや権利放棄をしていないことを規定しています。

＊　＊

　それでは，ここで練習問題の回答を考えてみましょう。
　上記は，売買契約の一般取引条件（約款）でしたが，売主側（有利）の立場に立ってドラフトされたものか，あるいは，買主側（有利）の立場に立ってドラフトされたものか，どちらに有利にドラフトされた約款だったでしょうか。
　正解は，**売主に有利**です。売主の立場でドラフトされており，売主に有利な条件になっています。
　その理由は，上記の各条項で見てきたように，不可抗力規定や責任制限規定などの売主に有利な規定が多く見られるからです。
　それでは，もっと進んで売主の立場でドラフトされた上記「一

般取引条件」を買主側に有利にするためには，どの条項を削除したり追加したりすれば良いでしょうか。考えてみましょう。

　回答は，以下のとおりです。これらの修正を加えれば，買主側に有利な約款が出来上がります。

| 第4条　Force Majeure（不可抗力）　買主に不利ですので削除です |

　現行の約款では，第1条で検査なしに買主側の商品受領が認められてしまい，直ちに代金支払義務が発生してしまいますので，買主側は，通常下記のように検収規定を設けるべきです。

【追加】Article 4 Inspection
Buyer reserves the right to inspect such Products within a reasonable time after delivery, but such inspection does not relieve Seller of its obligations under this Agreement. Buyer shall have the right in its sole discretion to reject any and all Products that are in its sole judgment defective or nonconforming. Products. Buyer may charge Seller all expenses of unpacking, examining, repacking, and reshipping such Products. If Buyer receives Products whose defects or nonconformities are not apparent on examination, Buyer reserves the right to require replacement of such Products, as well as payment of damages.

第4条　検収
買主は引渡後，合理的な期間に製品を検収する権利を有するが，当該検収により売主の本契約上の義務を免除するものではない。買主は，その単独の判断で欠陥・不適合の製品の全部および一部をその単独の判断で拒絶する権利を有する。買主は売主に対して当該製品の開梱・検査・再梱包・再出荷のすべての費用を請求できる。検査により明らかでなかった欠陥・不適合のある製品を買主が受領した場合であっても，買主は当該製品の代品の提供，損害の支払いの請求をする権利を失わない。

> *Key Word* all expenses of unpacking, examining, repacking, and reshipping（開梱・検査・再梱包・再出荷のすべての費用）; nonconformities（不適合のある製品）

第5条 Warranty（保証） 買主に不利ですので【削除】です

　　　当然の要求として，買主は売主に対して，製品の欠陥から発生した損害から免責してもらうべきです。以下の売主側からの免責規定を追加しましょう。

> 【追加】Article 5　Indemnity
> Seller agrees to protect, defend, hold harmless and indemnify Buyer, its officers, trustees, employees and agents from and against any and all claims, actions, liabilities, losses, costs, damages and expenses arising out of or related to any actual or alleged death of or injury to any person, damage to any property, or any other damage or loss, by whomsoever suffered, resulting or claimed to result in whole or in part from any actual or alleged defect in such Products, whether latent or patent.
>
> 第5条　免責
> 売主は，隠れたものであるか明白なものであるかを問わず，現実の，もしくは主張された製品欠陥から，全部もしくは一部が発生した，もしくは発生したと主張された，被害者を問わない，あらゆる請求，訴訟，責任，喪失，経費，損害および費用に対して，買主，その役員，受託者，従業員および代理人を保護し，防御し，免責することに同意する。
>
> *Key Word* whether latent or patent（隠れたものであるか明白なものであるかを問わず）

　　　どうでしたか？
　　　英文契約書の条項をみて，どちらの立場に有利に書かれている

かを理解することは，とても重要です。つまりこれを理解することで，相手方に有利な条項については，こちら側に有利，あるいは対等にするための対案をこちらから提示することができるようになるからです。

② 国際販売代理店契約と契約書

❶ AgentとDistributorの違い

ここで、少しレベルを上げて、企業法務によく登場する契約類型を詳述します。

企業が海外で製品の販路を拡大するにあたり、その地域における事業者を販売店や代理店に任命し、その製品の拡販を図る際に締結するのが**国際販売代理店契約**です。

まず、用語の基礎知識から解説します。「販売代理店契約」に使用されている「販売代理店」には、主にAgent（エージェント）とDistributor（ディストリビューター）があります。法律用語で「代理人」（Agent）とは、本人にかわって契約などの法律行為を行い、法律効果が本人に帰属しますが、販売代理店は、必ずしも法律用語の「代理人」を指すものではありません。

Agentは、本人にかわって取引を行い、売買契約が成立したらその売買代金の何％かをコミッションやフィー（販売紹介手数料）として受け取るビジネスモデルです。売買の法律行為の効果はAgentには帰属しません。一方、**Distributor**は、自らの勘定、費用、リスクで商品の在庫をもち、自らのリスクで自らが売買の当事者となり販売店などへ商品を再販売します。そして、顧客に対する売買の当事者になります。これがAgentと大きく違う点です。

❷ その他の販売業者

上記2つの業者のほかに、**販売代表**（Representative）、**販売店**（Dealer）、**小売店**（Retailer）、**再販業者**（Reseller）、**卸売業者**（Wholeseller）と多くの類義語があります。

販売代理店契約のしくみ

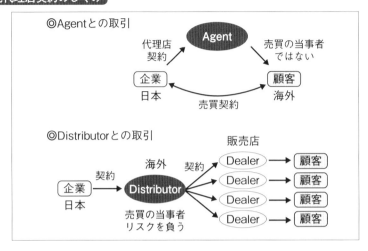

　さらに，気をつけていただきたいのは，これらの用語は正式な法律用語でないので，それぞれの業者がどのような権利義務をもつかは用語により自ずと決まってくるわけではない点です。つまり販売代理店契約の条項で当事者間の合意により具体的に権利義務を決めるのです。

　RepresentativeはAgentと近い意味で，販売代行業者となります。Sales Representativeなどがあります。Dealerは，基本的にはDistributorの傘下で指名されて，直接に，最終消費者に販売をする「販売店」です。Distributorは，必ずしも直接に最終消費者に販売するものではなく，基本的には傘下の販売店と契約して，商品を卸す機能をもつことが多くなります。Distributorは，販売方法を規定した「販売店契約」(Dealer Agreement) をDealerと締結します。Retailerは小売店として，単に商品を再販業者 (Reseller)，卸売業者 (Wholeseller) などの卸売業者から買って最終消費者へ小売りをする業者です。

　繰り返しになりますが，これらの販売業者は必ずしも法律で規定されているわけではありません。契約の条件に従って，あるい

は実態を見て,どういう権限や権利義務があるかを決めることになります。

❸ 一般的な条項の構成

国際販売代理店契約の条項は一般的に次のように構成されます。

[国際販売代理店契約の条項構成]

① 代理店の指名と権利義務の規定
② 販売テリトリーの指定
③ 競業禁止規定
④ 売買取引および支払条件・引渡条件
⑤ 保証条件
⑥ 最低購入義務
⑦ 在庫の維持および広告
⑧ 販売報告
⑨ 知的財産権の帰属
⑩ 損害賠償責任の制限
⑪ 契約期間
⑫ 契約解除
⑬ 一般条項(準拠法,紛争解決を含む)

❹ 重要条項と実務上のポイント

販売代理店契約は,2つの主要な内容から構成されています。1つめは,商品在庫の売買がかかわるので,継続的な売買契約(売買基本契約)としての要素があります。もう1つは販売代理店の権利義務の規定です。

販売代理店契約でポイントとなるのは,代理店に対してどのような「**販売テリトリー**」(Sales Territory)と「**販売権**」(Rights of Distribution)を与えるかです。販売テリトリーについては,メーカー側の国際的な販売戦略の下でどのような販売地域を与え

るかが提案されます。販売テリトリーを厳しく運用すると（とくにEUでは）国際独占禁止法（独禁法）上問題となる可能性があるので，注意が必要です。

他方，販売権については，代理店に対して**独占権**（Exclusive rights）を与えるか，**非独占権**（Non-exclusive rights）を与えるかが重要なポイントとなってきます。これもメーカー側の国際的な販売戦略のもとで提案されます。**独占権を与えるとメーカーが同一販売テリトリーでほかの代理店を指名することは契約違反になる点**に注意が必要です。

さらに，販売にかかわる活動，たとえば販売促進や宣伝広告の義務や費用負担も考慮しておく必要があります。

以下，販売代理店契約の重要条項についてサンプル条項をもとに解説していきます。

❺ 代理店の指名と権利義務の規定

まず，代理店の指名と権利義務の規定です。ディストリビュータの権利義務としては，取扱製品（対象製品），販売テリトリー，販売権が独占か非独占か，二次店の指名権の有無等が規定されます。

Appointment of Distributor

X appoints Y as a distributor for marketing, distribution and servicing of the Products in Territory on an exclusive basis, and Y agrees to act as such distributor in Territory. Y may grant, to its appointed dealers, a right to appoint sub-dealer, with prior written consent from X; provided, however, that such sub-dealer shall agree in writing to comply with this Agreement.

ディストリビューターの指名
X社は，Y社を本地域での本件製品のマーケティング，供給およびアフターサービスを行う独占的ディストリビューターとして指名し，Y社は，当該テリトリー内でかかるディストリビューターとして営業活動を行うことに同意する。Yは，Xの事前書面同意を得て，サブディーラー（二次店）を指名することができる。ただし，当該サブディーラー（二次店）は本契約に従うことを書面で同意することを条件とする。

Key Word sub-dealer（サブディーラー（二次店））；comply with（に従う）

なお，不利なポジションから有利にする秘策があります。販売権の交渉では，メーカーは「非独占」を主張し，できれば「最低購入数量」を課したいと考えています。他方，ディストリビューターは「独占権」を主張し，少なくとも「最低購入数量」を課されることなく「非独占権」を主張したいと考えています。

不利なポジションにあるディストリビューターが，有利に交渉するには，売主の非独占権の提案に理解を示し，「当初はそれで様子を見て（ただし最低購入数量なし），パフォーマンスがよければ独占権へ移行する契約でもよい」と牽制球を投げておきつつ，「ただ，マーケットシェアを獲得するには，最初の集中投資が重要かつ必須になる。独占権がないと恐くて集中投資ができない。独占権でどうか」とたたみかける方法が効果的な場合があります。

Licensing of Trademarks
X grants to Y a non-exclusive right to use and to permit its Dealers to use the Trademarks in Territory with respect to the sale, distribution and servicing of Products. Y may employ, and shall permit its Dealers to employ, any Trademark as part of

Distributor's or Dealer's corporate or business name with X's prior written approval. Trademark rights and other intellectual property rights relating to Trademark, shall exclusively belong to X. IN NO EVENT Y shall have any right or interest in trademark and other intellectual property rights relating to Trademark except rights granted by X hereunder.

商標のライセンス

X社はY社に対し，本製品の販売，供給およびアフターサービスに関し，本地域において本商標を自ら使用し，かつY社のディーラーによる使用を許可する非独占的権利を付与する。ただし，Y社は，X社の事前の書面による承認を得て，ディストリビューターもしくはディーラーの会社または事業名称の一部としてのどのような商標もみずから採用したり，あるいはY社のディーラーに使用させることができる。本件商標に関する商標権・その他の知的財産権は，Xに独占的に帰属する。Yは本契約でXから付与されている権利を除いては，いかなる場合でも，本件商標に関する商標権・その他の知的財産権を一切有しない。

|Key Word| non-exclusive right（非独占的権利）

　　　　ディストリビューターは契約で認められたテリトリーの中で，製品供給メーカーにかわって製品供給・マーケティングを行うわけですから，当然のこととして，ディストリビューターに対して，製品供給メーカーの会社名（商号）や商標を使用させる必要があります。

　　　　サンプル例文にも規定されているように，メーカーが保有する商標（トレードマーク）を取り扱う製品に関して使用させるのは一般的ですが，ディストリビューターやその傘下のディーラーの会社名の一部として使用させる場合には，製品供給メーカーの許可を得てという場合が多いでしょう。

❻ 販売テリトリー

次は販売テリトリー（Territory）を規定しているサンプル条項です。

Territory

Territory shall be the United States of America. Distributor shall not directly or indirectly distribute or market the Products outside the Territory.

テリトリー

テリトリーはアメリカ合衆国とする。ディストリビューターは、テリトリー以外で直接間接を問わず本件製品を供給・市販してはならない。

|Key Word|　directly or indirectly（直接間接を問わず）

サンプルにある"indirectly"の「間接的」は、テリトリー内の傘下のディーラーがテリトリー外へ再輸出することを知りながら、本件製品を供給する場合などを指します。

Set-up and Maintenance of Sales and Service Network for Products

Company Y shall set up and maintain in Territory a sales and service network of Products, consisting of Company Y's own organization and its Dealers, which shall be able to effectively carry out the sale, distribution and servicing of Products throughout Territory. Company Y shall maintain and cause its Dealers to maintain business premises that conform to the dealer standards set forth in the sales promotion standard manual provided to Company Y by Company X. In case Y breaches duties of this provision, it shall constitute an immediate termination of this Agreement by X.

製品の販売およびサービス網の設立と維持

Y社は，地域内に，本製品の販売およびサービス網を設置および維持する。当該販売・サービス網の設置は，Y社が所有する組織およびそのディーラーから構成され，地域内において効果的に販売，供給およびサービスを行うものでなければならない。Y社は，自社で行うか，ディーラーに対して行わせることにより，X社がY社に供与する販売促進基準マニュアルに規定されるディーラー基準に合致した事業所を維持する。Y社が本条項の義務に違反する場合には，X社による即時の本契約解除権を構成するものとする。

Key Word　set up and maintain（設置および維持する）；sales promotion standard manual（販売促進基準マニュアル）

　　ディストリビューターは，その傘下のディーラーネットワーク（ディーラー網）を構築する権利と義務を与えられますが，ディーラーであればどんな会社でもいいというわけではなく，製品供給メーカーが認めた基準に合致する設備や規模・人員体制を整えた会社である必要があります。

　　場合によっては，ディーラーの傘下にサブディーラー（二次店）を契約する（指名する）ことを認める場合もあります。とくに地方の有力巨大ディーラーの場合には，サブディーラー（二次店）契約を認めたほうが，販売機会を拡大することができます。サブディーラー（二次店）について記載がない場合には，製品供給メーカーがそれを認めない趣旨になるでしょう。

　　ディストリビューターは販売・サービス網を構築する権利義務をもちますが，契約書に費用について何も書かれていないと，すべて自社の費用負担で進めることになります。これを避けるためにはマーケティングの予算をあらかじめ算出しておき，売主へキャッシュで支援を要求するか，製品価格の応分の値引きを要求することなどが必要でしょう。

❼ 販売権

販売権(Rights of Distribution)に関しては,国際的なメーカーの場合には独占権(Exclusive rights)を与えないことを原則としているケースが多いでしょう。非独占権ならメーカーが同一販売テリトリーでほかの代理店を指名することは自由だからです。しかしながら,代理店としてはビジネスの安定から独占権を要求することが多いといえます。

代理店に独占権を与えるときには,必ず「**最低購入義務数量・売上**」(Minimum purchase volume or sales)の規定とそれを達成できなかった場合の罰則(契約解除や非独占権へのステータス変更など)を規定することが必要です。

非独占権の付与の場合でも,テリトリー内で販売するのが1つの代理店の場合,つまり,実質的には独占権と考えられる場合には,同様に「最低購入義務数量・売上」を条件とすることが多いです。

次に掲げるサンプルは**販売権を非独占で規定**し,かつ**最低購入義務も規定**している例です。

Minimum Purchase

The Supplier hereby grants Distributor a <u>non-exclusive and non-transferrable</u> right to distribute, market and service the Products in Germany. US Dollar 10 million of the Product (hereinafter, "Minimum Quantity") shall be purchased by the Distributor in respect of each calendar year (hereinafter. "Year") or such other amount as may be agreed in writing between the parties in relation to each Year. If in any Year the Distributor fails to purchase the Minimum Quantity, it may not carry forward any excess purchases over the Minimum Quantity made in the previous Year to make up the difference between the actual quantity purchased and the Minimum Quantity. The Supplier may terminate this Agreement forthwith by notice in writing, or it may change Territory or other terms if the Distributor fails in any Year to purchase the Minimum Quantity for that Year <u>for any reason.</u>

最低購入

サプライヤーは，ディストリビューターに対して，<u>非独占的・譲渡不可</u>の本件製品の供給・マーケティング・サービスをドイツ国内において行う権利を付与する。ディストリビューターは，毎暦年（以下「年」。）1000万米ドルもしくは当事者間で毎年書面合意する金額（以下「<u>最低購入金額</u>」。）の本件製品を購入しなければならない。その年でディストリビューターが最低購入金額を購入しなかった場合には，前年の最低購入金額超過売上分をキャリーオーバーして加算することができない。その年でディストリビューターが最低購入金額を購入しなかった場合には，<u>理由の如何を問わず</u>，サプライヤーは，書面通知により本契約をただちに解除するか，あるいは，販売テリトリーの変更など契約条件を変更することができる。

Key Word 　terminate this Agreement forthwith（本契約をただちに解除する）

このサンプルでは，ディストリビューター側は，最低購入数量・売上の達成がいかなる理由でも未達の場合にはサプライヤーに契約解除権や販売テリトリーの変更などの契約条件の変更を一方的に行う権利が発生することになります。

もし，ディストリビューター側として契約交渉する場合には，この未達が「ディストリビューターの帰責事由による場合」に限定する必要があります。つまり，景気変動による全需の縮小などの不可効力の場合を除外するわけです。そのためには，**for any reason**にかえて，"only due to the cause attributable to Distributor"（ディストリビューターの責を帰する原因による場合のみ）を"for any reason"の代りに挿入することを検討すべきです。

(1) **独占権を付けるときは「最低購入義務数量・売上」が必須**

　代理店へ独占販売権を付与する場合には，前掲のサンプルのように最低購入義務数量・売上（Minimum purchase volume or sales）の条件を課することは必須です。

　というのも，代理店にいったん独占権を与えてしまうと，契約を解除する場合（その市場からの撤退や，他の代理店への切替え，あるいは，メーカーが直接販売に乗り出すなどの場合）に巨額な補償金を要求されることが多いからです。

　たとえば，事業年度ごとに最低購入数量や売上を定めて，それを超えることを独占権維持の条件とし，それを超えない場合は解除事由になることを示すなどします。市場全体や市場のシェアが増えてくれば，最低購入数量や売上も増やすべきでしょう。

　たとえば，予想販売数量を100，目標販売数量を120とすると，最低購入数量や売上は80に設定するなどのように交渉をします。

(2) **不利なポジションから有利にする秘策**

　ディストリビューターは，立場が弱いので，非独占販売権の契約でもしばしば最低購入数量を課されることがあるでしょう。しかし，最低購入数量・売上は，言うならば「それだけは市場で販売できる」という売主の確信があってはじめてコミットすることができます。たとえば，相手が無名ブランドなので，そこまで売れないということを示すことができれば，ブランド宣伝強化のための販促予算の要求に加えて，最低購入数量・売上の引き下げや販売価格の値引きを要求することも可能でしょう。

❽ 独禁法など各種法規制への対策

　次に，販売代理店契約で留意すべきは，独禁法などの法規制です。販売代理店契約では販売方法を制限するなど，メーカー側に有利な条件を盛り込むことが多くなります。

　たとえば，販売代理店契約では，「再販売価格の制限・維持」

の規定を設けることがありますが,ディストリビューターに対して小売価格の値引きを禁止すると,ほとんどの国の法律では独禁法違反になりますので,注意が必要です。さらに,国によって異なりますが,ディストリビューターに対して「競合製品の扱いの禁止」を規定し,ライバル会社の類似製品の取扱いを一切禁止することも,場合によっては独禁法違反となる可能性が高くなります。ただし,Agentのビジネスモデルを採用すれば販売主体がメーカー自身となりますので,こうした独禁法違反のリスクは解消されます(反面,Agentでは,顧客へ最終的に売れるまで売上が立たないこと,現地で訴訟になるとメーカーが直接被告になること,現地でメーカーが課税されるなどデメリットも多いので,十分な検討が必要です)。

　独禁法違反になると,契約のすべてが無効になってしまうと一般に解釈されます。せっかく当事者間で長時間かけて交渉して合意した契約ですので,契約のすべてが無効になってしまわないように,当該無効条項を無効とされても,契約書の他の条項の有効性は影響を受けない旨を規定する「**可分性・分離性条項**」(Severability provision) を一般条項に設けておくべきでしょう。第3章①⑰を参照してください。

(1)独禁法違反は「可分性・分離性条項」で回避を

　サンプルのような「可分性・分離性」の条文を入れておけば,たとえば再販売価格の維持を規定する条項が独禁法違反で無効になったとき,当該条項だけが無効になり,他の条項は依然として効力をもたせることができます。この規定は入れておかないと,1つの条項が法律違反で無効になったとき,全体が無効になってしまう可能性があるため必須であると認識してください。

(2)国によって違う「代理店保護法」

　代理店契約を締結するにあたって,もう1つ注意したい法規制

が「**代理店保護法**」です。これは代理店契約で不当な契約解除から代理店を保護するための法律です。日本には該当する法律は存在しません。

　国によっては，代理店保護法は，現地の国内資本を不測の撤退から保護するために存在します。この傾向は中近東や中南米など途上国に多いといえます。欧州大陸でもドイツやスイスなどが判例法で代理店保護を認めている国もあります。不当な契約解除の場合は損害賠償義務が発生します。

　たとえば，非独占契約で，期間を1年と決めて契約したとします。ところが，代理店保護法のある国では，現地資本を保護するために非独占や期間の合意が無視されることがあるのです。つまり，外資企業が事業がうまくいかずただちに撤退すると，現地資本家・投資家に損害が発生してしまいます。その現地資本家・投資家の権利を守るために，投資の回収の合理的な期間中（たとえば業種によって3年間とか5年間）は撤退できないとされているのです。さらに，「非独占」を「独占」と同じ解釈にするという法律をもつ国もあります。

　代理店保護法は国によって内容は異なりますが，投資回収ができる合理的な期間は撤退することができず，また基本的には非独占であっても独占と解釈され，しかも期間も契約で決めたようには終わらない，と認識しておいたほうがいいでしょう。したがって，相手方の国の法制度を事前に十分に調べて対応することが肝要です。

　もし相手方の国に代理店保護法制があるなら，会社が当該製品について長期独占権を付与する覚悟ができていない場合には，とりあえずスポットベース（個別受発注書ベース）で取引を行う必要があるでしょう。ただし，スポットでも取引が継続すると代理店保護法が適用されるリスクがあるので，その都度，個別受発注書上で「1回限りの取引です」と明記すべきです。

(3)先進国でも要注意

　欧州大陸の一部の国でも代理店に保護が与えられています。これらの国では，契約解消にあたって，契約期間満了の場合でも，投資した顧客資産への補償として一定額の補償をしなければ解約ができないとされています。さらに，これらの保護法は，準拠法を日本法と合意しても強制的に適用される場合が多いので，現地で争われれば勝ち目は少ないでしょう。

　代理店契約を締結する場合には，やはりスポットベースの取引にするか，あるいは継続的な契約でも，あらかじめ代理店へのマージンやコミッションから解約補償金の相当額を控除しておくなどの対応が必要となります。

　ここで代理店契約締結・交渉の実務上のポイントを整理しておきます。

実務上のポイント

> ①AgentとDistributorでは，法的効果の帰属する当事者が異なる。ビジネスモデルとしてどちらが適切か検討すべき。
> ②売主（メーカー）の立場では，販売権は「非独占」がベター。「独占」にする場合は必ず「最低購入義務数量・売上」を設定する。
> ③独禁法，代理店保護法など各種法規制に注意。
> ④独禁法違反に備えて「可分性・分離性」で契約自体を保護する。
> ⑤買主（ディストリビューター）の立場では，「メーカーのかわりに投資を行い販売努力をしている」ことを前面に出して有利に交渉する。

③ 秘密保持契約書

　秘密保持契約書（Non-Disclosure Agreement：NDAあるいは，Confidentiality Agreement：CA）は，契約交渉に入る前に，開示する企業情報の秘密を保持する義務について規定するために締結する契約書です。

　NDAを大別すると，秘密情報の開示が一方的な場合の「片務的NDA（unilateral NDA）」，秘密情報の開示が双方向的な場合の「双務的NDA（bilateral NDAあるいはmutual NDA）」の2種類に分類できます。

　本書では，後者を例にとって，解説していきます。

　このNDAは，企業の方々にとっては，日頃最も頻繁に締結している非常に身近なものといえるでしょう。

　多くの企業では，一般的なNDAの雛形を持っており，新しい取引先とビジネスを開始する場合に，その雛形を使用して取引先と締結しています。

NON-DISCLOSURE AGREEMENT

This Non-Disclosure Agreement (the "Agreement") is hereby made and entered into by and between Company X ("X") and Company Y ("Y") with respect to the exchange of the confidential information ("Confidential Information") between the parties hereto.

THE PARTIES HERETO AGREE AS FOLLOWS:

> 秘密保持契約書
> X株式会社（以下「甲」という。）とY株式会社（以下「乙」という。）とは，相互に秘密情報を交換することに関し，以下のとおり，本契約（以下「本契約」という。）を締結する。

　　　契約当事者はX社とY社で，2社間で締結された秘密保持契約書です。

> 1. Purpose
> Both Parties shall exchange the Confidential Information with each other for the purpose of conducting a feasibility study for joint development of the new products.
> １．目的
> 両当事者は，新製品の共同開発の実現可能性検討を行う目的のために，相互に秘密情報を交換するものとする。
> **Key Word**　feasibility study（実現可能性検討）

　　　一般には，NDAの目的を記載することが多くなっています。つまり，受領した秘密情報の守秘義務に加えて，目的外に使用しないことを約束しますので（後述），目的の範囲を明確に記載しておく必要があります。

> 2. Confidential Information
> For the purpose of this Agreement, "Confidential Information" shall mean the followings:
> 　(i)　Any information that is disclosed by the party which discloses such information ("Disclosing Party") to the party which receives such information ("Receiving Party") pursuant to this Agreement, which is included in materials

(including but not limited to documents or other tangible entity such as electronic media in which electrical data is stored and e-mail) clearly indicated as being confidential; or
（ii） Any information that is designated as being confidential by the Disclosing Party to the Receiving Party orally or visually;
（iii） Provided the information set forth in the preceding item （ii） shall be included into Confidential Information if the Disclosing Party notifies in writing the Receiving Party, within thirty （30） days from the time of the disclosure, of such Confidential Information in itself and that such information is Confidential Information.

２．秘密情報
本契約において，「秘密情報」とは以下をいう。
　　（i）　本契約に基づいて情報を開示する者（以下「開示者」という。）からかかる情報を受領する者（以下「受領者」という。）に対して開示された，秘密である旨の表示がなされている資料（書面，電子データを格納した電子媒体等の有体物及び電子メールを含むがこれらに限られない。）に含まれる情報，又は
　　（ii）　開示者が受領者に対して，口頭又は視覚的に秘密として指定した上で開示した情報を意味する。
　　（iii）　但し，前記（ii）の情報については，当該情報の開示後30日以内に，開示者から受領者に当該情報自体及び当該情報が秘密情報である旨を記載した書面が提出されなかった場合には，秘密情報から除外されるものとする。

　Key Word　 is designated as（として指定した上で）；orally or visually（口頭又は視覚的に）

　　　　　NDAの対象となる「秘密情報」の定義をしています。この定

義によって「秘密情報」の範囲を広くすることも狭くすることも可能です。抽象的な記載では，範囲が広く解釈されるおそれがあり，契約が無効とされる可能性もありますので，より具体的に規定すべきです。

Notwithstanding the precedings, Confidential Information shall not include any information which falls into one or more of the followings:

(i) information which was already known to or in possession of the Receiving Party prior to the time of the disclosure by the Disclosing Party to the Receiving Party;

(ii) information which was already known or available to the public prior to the time of the disclosure by the Disclosing Party to the Receiving Party without the Receiving Party's breach of any obligation owed to the Disclosing Party;

(iii) information which is or subsequently becomes known or available to the public other than through the fault or negligence of the Receiving Party after the disclosure by the Disclosing Party to the Receiving Party;

(iv) information which was obtained by the Receiving Party from a third party other than the Disclosing Party, which was disclosed to the Receiving Party without the third party's breach of any obligation owed to the Disclosing Party;

(v) information which is independently developed by the Receiving Party;

(vi) information with respect to which the Receiving Party obtained prior consent of the Disclosing Party that such information is not subject to the confidentiality obligation hereunder; or

(vii) Residuals; unless otherwise agreed in this Agreement, each Party is free to use and disclose Residuals for any purpose without payment of royalties or any other restrictions or obligations. "Residuals" means ideas, concepts, know-how, and techniques in non-tangible form retained in the unaided memory of persons who have had access to Confidential Information. A person's memory is unaided if the person has not intentionally memorized the Confidential Information for the purpose of retaining and subsequently using or disclosing it other than for the Purpose.

前項の規定にかかわらず，次の各号の一に該当する情報は，秘密情報に含まれないものとする。

一　受領者が開示者から開示を受ける前に，既に知っていたもの又は保有していたもの。

二　受領者が開示者から開示を受ける前に，受領者が開示者に対して負う義務に違反することなく，既に公知又は公用となっていたもの。

三　受領者が開示者から開示を受けた後に受領者の責に帰すべき事由によらずに公知となったもの。

四　受領者が開示者以外の第三者から取得した情報で，当該第三者が開示者に対して負う義務に違反することなく受領者に開示したもの。

五　受領者により独自に開発されたもの。

六　書面により開示者から秘密保持義務を負わない旨の事前の承諾を得たもの。

七　残存記憶。本契約で別途規定する場合を除き，各当事者は，いかなる目的でも，ロイヤリティーを支払わずに他の制限もしくは義務を負うことなしに，残存記憶を自由に使用もしくは開示することができる。「残存記憶」とは，無体的な形式のアイ

デア，コンセプト，ノウハウ及び技術であって，本秘密情報にアクセスした人の助力を受けない記憶により保持されたものをいう。人が記憶を保持し，その後本目的以外に使用もしくは開示する目的のため，本秘密情報を意図的に記憶しない場合に，人の記憶は「助力を受けない」ものである。

> **Key Word** notwithstanding the precedings（前項の規定にかかわらず）；other than through the fault or negligence of the Receiving Party（受領者の責に帰すべき事由によらずに）；independently developed（独自に開発された）；Residuals（残存記憶）

　　　NDAの対象となる秘密情報から除外する情報を規定しています。最近では人の記憶に残った残存記憶を対象外とするかどうかで当事者間の見解が異なり交渉になることが多いです。

---

3. Confidential Obligations

Unless otherwise provided herein, the Receiving Party shall strictly maintain the secrecy of any Confidential Information (including the content and the fact of execution of this Agreement) and shall not disclose any and all Confidential Information of the Disclosing Party to any third parties. Except prior written consent of the Disclosing Party, the Receiving Party shall not use any Confidential Information for any other purposes than examination of the Technology.

If the Receiving Party is required or ordered to disclose any Confidential Information of the Disclosing Party pursuant to the applicable laws and regulations, the Receiving Party shall take all possible measures to limit such disclosure and make best efforts to afford the Confidential Information of the Disclosing Party the highest level of protection. In this event, the Receiving Party shall notify the Disclosing Party of such disclosure as early in advance as possible so that the Disclosing Party shall have an opportunity to take necessary measures to limit such disclosure.

3．秘密保持

受領者は，本契約に明示で別段の規定がなされている場合を除き，秘密情報（本契約の内容及びその締結の事実を含む。）について，厳に秘密を保持するものとし，開示者の一切の秘密情報を，第三者に対して開示してはならない。

受領者は，開示者の書面による同意を得た場合を除き，秘密情報を本契約当事者における本技術の検討以外の目的に用いてはならない。

受領者が法令の規定に基づいて開示者の秘密情報を開示する旨の請求又は命令等を受けた場合は，受領者は，かかる開示をできる限り制限するために可能な措置をとり，開示者の秘密情報が最大限の保護を受けられるよう最善の努力をするものとする。この場合，受領者は，開示者がかかる開示をできる限り制限するための措置をとる機会を得ることができるよう，開示前のできる限り早い時期に開示者に対して当該開示について通知するものとする。

> Key Word   for any other purposes than examination of the Technology（本技術の検討以外の目的に）；afford the highest level of protection（が最大限の保護を受けられるよう）

> 秘密情報を受領した当事者の守秘義務及び目的外の使用禁止を規定しています。法令により開示が要求された場合の措置についても規定しています。

4. Control of Confidential Information

The Receiving Party may disclose Confidential Information only to the Receiving Party's directors, employees and independent contractors for examination of the Technology ("Employees") who need to know such Confidential Information to the necessary extent possible. On the occasion of disclosing Confidential Information to its Employee, the Receiving Party shall indicate and disseminate to the Employees that the secrecy of the Confidential Information disclosed to them should be strictly kept confidential. The Receiving Party shall also impose on its Employees the equivalent obligation as provided herein with respect to the Confidential Information and shall fully direct and supervise them to ensure their compliance with such obligation.

4．秘密情報の管理

受領者は，本技術の検討に実質的に関与し，秘密情報を知る必要がある受領者の役員，従業員及び本技術の検討を委託した委託先（以下「従業員等」という。）に対してのみ，必要な限度において，秘密情報を開示することができるものとする。受領者は，秘密情報の従業員等への開示に際し，開示の対象となる秘密情報が厳に秘密を保持すべき情報であることを明示し，周知させるとともに，各々の従業員等に秘密情報に関して本契約で定める義務と同等の義務を課し，これを遵守するよう十分な指導監督を行わなければならない。

Key Word　need to know（知る必要がある）；equivalent obligation（同等の義務）

　　　　各当事者によるそれぞれの従業員等知る必要のある関係者への開示を認める代わりに，秘密保持のための十分な指導監督義務を規定しています。

5. Limited Reproduction

The Receiving Party shall not reproduce or summarize any Confidential Information, in whole or in part, except (i) with prior written consent of the Disclosing Party; (ii) in pursuance of reasonable necessity of the Receiving Party's business relationship with the Disclosing Party; or (iii) as otherwise agreed between the parties hereto. Any materials reproduced and summarized by the Receiving Party which contains Confidential Information shall be handled in the equivalent manner in which Confidential Information is handled.

5．複製等の制限

受領者は，開示者の書面による事前の承諾を得た場合，開示者に対する業務上の関係において合理的に必要であると認められる場合又は当事者間で別途認められている場合でない限り，秘密情報の全部又は一部を複製又は要約してはならないものとする。秘密情報の複製物及び要約物の取扱いについては，秘密情報と同様とする。

Key Word　reproduce or summarize（複製又は要約）

　　　受領者による秘密情報の複製について制限していますが，複製できる3つの例外を規定しています。

6. No Warranty

The Disclosing Party shall not be liable for any damages whatsoever arising from any defect or the use or restriction of the use of Confidential Information, and shall not make any express or implied warranty thereof to the Receiving Party.

6．保証

秘密情報に瑕疵があった場合又は秘密情報を使用することもしくは使用できないことにより損害が発生した場合でも，開示者は，受領者に対し，瑕疵担保責任及び損害賠償責任を含む一切の責任を負わないものとし，それらについて一切の明示又は黙示の保証をしないものとする。

> **Key Word**　any damages whatsoever arising from（により損害が発生した場合でも）；express or implied warranty（明示又は黙示の保証）

　　　　開示した秘密情報に瑕疵があってもそれによって発生した損害に対して開示当事者は責任を負わないとする規定です。

7. Intellectual Property Rights
The Receiving Party shall refrain from reverse engineering, decompiling or disassembling in connection with the Confidential Information disclosed by the Disclosing Party to the Receiving Party unless expressly permitted by applicable law.
The Disclosing Party reserves its rights under any express or implied right to the Receiving Party to or under any patents, model utility rights, design rights, trademarks, copyrights, trade secrets and other intellectual property rights (collectively, "Intellectual Property Rights"). Unless otherwise agreed in writing between the parties hereto, the Disclosing Party does not grant any express or implied right to the Receiving Party to or under Intellectual Property Rights.
Unless otherwise agreed in this Agreement, if either Party provides any ideas, suggestions, or recommendations to the other Party regarding such other Party's Confidential Information ("Feedback"), such other Party is free to use such Feedback without payment of royalties to such Party.
7．知的財産権
受領者は，法令により明示に認められている場合を除き，開示者が開示した秘密情報に関して，リバースエンジニアリング，逆コンパイル又は逆アセンブルを行ってはならないものとする。

開示者は，これら開示者の秘密情報にかかる特許権，実用新案権，意匠権，商標権，著作権，営業秘密及びその他の知的財産権（総称して「知的財産権」）に関する権利を留保するものとし，当事者間で書面により契約を締結するのでない限り，開示者は，開示者の秘密情報にかかる「知的財産権」に関する出願，登録，実施等の権利を，明示であると黙示であるとを問わず，受領者に対して許諾するものではない。

本契約で別途合意のない限り，一方当事者が他方当事者の秘密情報に関してアイデア，示唆や推奨（「フィードバック」）を行った場合には，当該他方当事者は，当該当事者へ対価の支払いなく，フィードバックを使用することができる。

Key Word reverse engineering（リバースエンジニアリング）；decompiling（逆コンパイル）；disassembling（逆アセンブル）

　　開示される秘密情報に関する知的財産権の帰属について開示当事者に帰属することを確認する規定です。最近では，フィードバック情報の権利の帰属や使用許諾についても交渉の対象となっています。

8. No License
Disclosure of the Confidential Information to the Receiving Party hereunder shall not constitute any option, grant or license to the Receiving Party under any patent, know-how or other intellectual property rights heretofore, now or hereinafter held by Disclosing Party.

８．権利付与
受領当事者に対する秘密情報の開示は，開示当事者が現在もしくは将来保有する特許，ノウハウ，その他の知的財産権に基づく，受領当事者に対する選択権，権利付与あるいは使用許諾を何ら構成するものではない。

受領当事者へ秘密情報を開示したからといって，開示当事者は受領当事者に対して何らかの権利やライセンスを付与するものではないことを明記する規定です。

---

9. No Commitment
It is understood and agreed that the disclosure by Disclosing Party of the Confidential Information hereunder shall not result in any obligation on the part of either party to enter into any further agreement with the other with respect to the subject matter hereof.
9．コミットメント
受領当事者へ秘密情報を開示したからといって，将来本契約の主題に関して契約を締結する義務を当事者間に発生させるものではない。

受領当事者へ秘密情報を開示したからといって，当事者間に何らかの取引契約を締結する義務を保証するものではないことを明記する規定です。

---

10. Return of Confidential Information
The Disclosing Party may, prior to the termination of this Agreement, upon fourteen (14) days prior written notice to the Receiving Party, request the Receiving Party to return or destruct any part and all of the materials and the reproductions and summaries thereof, which contain the Confidential Information of the Disclosing Party, in accordance with the instruction by the Disclosing Party, and further request the Receiving Party to issue a certificate proving such destruction executed by the Receiving Party.
The Receiving Party shall, upon termination of this Agreement due

to expiration or cancellation, immediately return to the Disclosing Party or destruct all of the materials and the reproductions and summaries thereof, which contain the Confidential Information of the Disclosing Party, in accordance with the instruction by the Disclosing Party, and shall further issue a certificate proving such destruction executed by the Receiving Party.

10. 秘密情報の返還

開示者は，本契約の終了前であっても，14日前の事前の書面による通知をもって，開示者の秘密情報を含む全部又は一部の資料及びこれらの複製及び要約を開示者の指示に従って返却又は破棄すること，並びに受領者の責任者が署名する当該廃棄を行った証明書を，受領者に要求することができるものとする。

受領者は，本契約が期間満了又は解約により終了した場合，直ちに開示者の秘密情報を含む全ての資料及びこれらの複製及び要約を開示者の指示に従って返却又は破棄し，受領者の責任者が署名する当該廃棄を行った旨の証明書を開示者へ提出するものとする。

Key Word return or destruct（返却又は破棄する）

秘密情報の返還・破棄についての規定です。最近は電子データの開示が多いので，電子データの廃棄についての責任者からの証明書を提出させる等の措置が必要となるでしょう。

11. Term

This Agreement shall be in full force and effect for two (2) years commencing from the conclusion date as indicated at the end of this Agreement ("Effective Date"). Notwithstanding the provisions in the preceding paragraph and Article 11, the provisions in Articles 2, 3, 4, 6, 7, 8 and 10 shall survive the termination of this Agreement for three (3) years from the date of the termination.

11. 契約期間
本契約は，本契約書末尾記載の契約締結の日（以下，「発効日」という。）に発効し，発効日から2年間で満了する。前項又は第11条の規定にかかわらず，第2条，第3条，第4条，第6条，第7条，第8条及び第10条の規定は，本契約終了の日から3年間有効に存続するものとする。

　　　　契約期間は，当事者間で秘密情報を開示する期間をさすのに対して，秘密保持の期間は第3条と本条第2文により契約終了日から3年間となります。

12. Burden of proof
In any dispute over whether information is Confidential Information hereunder, it shall be the burden of Receiving Party to show that such contested information is not Confidential Information within the meaning of this Agreement.
12. 立証責任
秘密情報に該当するかどうかが争いになった場合には，受領者が秘密情報に該当しない事実の立証責任を負う。

　　　　最近では，秘密情報に該当しない（ので秘密保持義務も存在しない）事実の立証責任を受領者に負わせる規定が増えています。

13. Relief
It is agreed that Disclosing Party shall be entitled to obtain all appropriate relief, including injunctive and equitable relief, to enforce the provisions of this Agreement.
開示当事者は，本契約の権利行使を行うために，差止め及び衡平法上の救済を含む全ての適切な救済を得ることができる。

> **Key Word**　injunctive and equitable relief（差止め及び衡平法上の救済）

　　開示当事者の法的権利は差止め請求権までを含み，受領者の承継者に対しても権利行使することができる。
　　英米法では，契約違反に対する救済は損害賠償（金銭）が原則で，秘密情報の使用の差し止め請求権はエクイティー（衡平法）に基づく権利ですので，あらかじめ契約書で差止請求権を認めさせておくことが多くなっています。

14. Non-Solicitation
For the term of this Agreement and for one year thereafter, each Party agrees that it shall not knowingly, directly or indirectly, induce or attempt to induce any employee or contractor of the other Party to leave the employment of the other Party, provided that a general public solicitation for employment shall not violate this provision.

14. 引き抜き禁止
本契約期間の満了後1年間，各当事者は他方当事者の従業員もしくは契約者を直接・間接を問わず，それを知りながら引き抜きの勧誘を行ってはならない。ただし，公募による雇用の勧誘は本条項に反するものではない。

> **Key Word**　directly or indirectly（直接・間接を問わず）；general public solicitation for employment（公募による雇用の勧誘）

　　いわゆる引き抜き禁止（Non-Solicitation）条項です。相手方当事者のエンジニアが多くの有用な営業秘密を持っているので，そのまま自社で採用して，自社の技術開発を有利に進めようと考えることは，よくあるでしょう。そうしたいわゆる「引抜き」行為や「勧誘」行為を禁止するのが本条です。ただし，本契約の終了後1年以上経過している場合は除いています。

この後に，一般条項（第3章を参照）をまとめて記載することになります。

NDAのレビューにあたり実務上のチェックポイントを以下にまとめてみましたので，参考にしてください。

NDAレビューのためのチェックリスト

チェックポイント	備考
1．具体的に，当社からどのような秘密情報が相手方へ開示され，相手方から当社へどのような秘密情報が開示されるのかを確認したか。	・それによって，双方向雛形か一方的雛形かを決定するとともに，条件交渉のスタンスを決める。
2．秘密情報の範囲をどこまでに設定するか ・対象の秘密情報が特定されるようになっているか（メール送信，領収書） ・口頭情報は含まれるか（何日以内に書面化すべきか） ・残存記憶情報をどうするか ・フィードバック情報をどうするか ・個人情報も含めるべきか	・秘密情報の通常の例外である，公知情報，第三者からの取得情報，独自開発情報，相手方の同意は除く。
3．秘密保持義務（目的外使用の禁止を含む）の例外をどうするか ・Need to Knowの関係者*への開示は認めるべき ・強制手続き*による開示の場合に開示者がどこまで関与すべきか ・ベンダーや関連会社*の範囲をどこまでに設定するか	*従業員・役員・会計士・コンサルタント・弁護士，その他代理人等 *法律の規定，裁判所・行政命令など *親会社・子会社や取引先を含む

4．NDAの契約期間と守秘義務期間を区別する ・NDAの契約期間は，当事者間の秘密情報の開示期間と理解する。 ・守秘義務期間は，開示された秘密情報の寿命を考え，総合的に検討する。	・守秘義務期間は1年前後と短いことが多い。 ・期間は最近は2〜3年と短いことが多い。
5．秘密保持義務終了時の措置をどうすべきか ・秘密保持義務終了時をいつと理解するか。返却・廃棄で終了のものあり ・法令により保存が義務づけられている場合があることを理由に，永久バックアップを例外として認めさせる条項が英国企業の案に見られる。	終了時の大原則として，書類の返却・データの削除の際は，必ず責任者の署名入りの証明書を提出させるべき。
6．知的財産の帰属，No License, No Commitmentはどこまで規定すべきか	
7．損害賠償についてどのように考えるか ・契約違反時の違約金*をあらかじめ決めておくべき（とくに重要情報の開示者） ・損害賠償の上限をどのように決めるか（取引が合意されていない場合） ・個人情報の場合は上限設定が難しいか	*損害賠償の予約，ペナルティー
8．準拠法・裁判管轄はどのように考えるか ・日本法，日本の裁判所がベストか？　日本国内の場合は？	
9．相手方の責任者・担当者を直接法的に拘束できるか	*個人としてNDAへ署名させるか
10．NDAが万能ではないことを前提に，秘密情報の開示を必要最低限（小出し）に行っているか。	

4 ソフトウェアライセンス使用許諾契約

　ソフトウェアのライセンスは，完成された商品の売買・引渡しとは異なり，未完成のソフトウェアを現状渡しするため，無保証となるのが原則です。

　ソフトウェアのライセンスは「**現状渡し**」，あるいは「**無保証**」(no warranty) になります。なぜ「現状渡し」なのかというと，もともとソフトウェアというのは未完成の商品で，完成品ではないという思想があります。ご承知のように，つねにバージョンアップなどで進化しているわけです。

　換言すれば，「**役務提供**」に近いのです。役務提供というのは基本的に現状渡しです。欠陥があれば欠陥も修正すればいい，という考え方が基本です。

　ですから，「**保証**」という概念が非常に希薄であるというのが，このソフトウェアライセンス契約の特徴の一つです。こういった思想を知るというのは非常に重要です。というのもその思想に基づいてライセンス契約書が書かれているからです。

　では，不具合があった場合はどうするのかというと，サポート契約やメンテナンス契約を別途締結する必要があります。

　それでは，そうした思想でドラフトされている「**ソフトウェアライセンス（使用許諾）契約**」の条件を見ていきましょう。契約当事者は，ソフトウェアの使用許諾を行う「**ライセンサー**」と使用を許諾された「**お客様（あなた）**」（顧客）になります。

> Software License Agreement
>
> 1. Please read this software license agreement ("License") carefully before using the This software. By using the This software, you are agreeing to the terms of this License. If you do not agree to the terms of this License, do not use the software, and you may return the software to the place where you obtained it for a refund. If the This software was accessed electronically, click "disagree".
>
> ソフトウェア使用許諾契約
>
> 1．本ソフトウェアを使用される前に，本ソフトウェア使用許諾契約（以下「本契約」といいます。）をよくお読みください。当該本ソフトウェアをご使用になることで，本契約の各条項に同意されたことになります。本契約の各条項に同意されない場合は，当該ソフトウェアをお使いにならないで，本ソフトウェアを取得された場所へ返却の上，払い戻しを受けることができます。電子的に本ソフトウェアにアクセスした場合は，「同意しません」ボタンをクリックしてください。

　　ソフトウェアを使用することで，この契約の各条項に同意したことになると規定されています。この契約条件に同意できない場合は，返品・返金の権利を顧客へ付与しています。

> 2. Nature of License
>
> The software, documentation and any fonts accompanying this License whether on disk, in read only memory, on any other media or in any other form (collectively the "Software") are licensed on a non-exclusive basis, not sold, to you by Licensor ("Licensor") for use only under the terms of this License, and Licensor reserves all rights not expressly granted to you. The rights granted herein are

limited to Licensor's and its licensors' intellectual property rights in the Software and do not include any other patents or intellectual property rights. You own the media on which the Software is recorded but This and/or This's licensor (s) retain ownership of the Software itself.

2．使用許諾の性質

本契約書が添付されているディスク，読み出し専用メモリー，その他記録媒体またはその他あらゆる形態上の，ソフトウェア，ドキュメンテーションおよび一切のフォント（以下「本ソフトウェア」といいます。）は，ライセンサー（以下「ライセンサー」といいます。）が，お客様が本契約条件に従う場合に限り使用を非独占的に許諾するものであり，販売するものではありません。また，ライセンサーは，お客様に明示的に付与していない権利のすべてを留保します。本契約が付与する権利は，本ソフトウェアにおける本および本に対するライセンサー（以下「使用許諾者」といいます。）の知的財産権に限定され，いかなるその他の特許権または知的財産権も含んでいません。お客様は，本ソフトウェアを記録している媒体の所有権を有しますが，ライセンサーおよび使用許諾者が，本ソフトウェア自体の所有権を保持します。

　　　　使用許諾（ライセンス）の法的性質を示しています。つまり，顧客は非独占的な使用権を付与されるのであって，販売されるのではない．ソフトウェアの複製物自体の所有権はライセンサーが持っている（つまり，顧客は単に使用する権利のみが付与されている）ことを明確にしています。

3. Scope of the License
Subject to the terms and conditions of this License, you are granted a limited non-exclusive license to install and use the This

> Software. You may not make the This Software available over a network where it could be used by multiple computers at the same time. You may make one copy of the This Software in machine-readable form for backup purposes only; provided that the backup copy must include all copyright or other proprietary notices contained on the original. Except as and only to the extent expressly permitted in this License or by applicable law, you may not copy, decompile, reverse engineer, disassemble, modify, or create derivative works of the This Software or any part thereof.
> 3．使用許諾の範囲
> 本契約により，お客様は，本ソフトウェアをインストールし，使用することができます。お客様は，ネットワーク上で複数のコンピュータが同時に本ソフトウェアを使用できるようにすることはできません。お客様は，バックアップの目的に限り，機械による読み取り可能な形態で本ソフトウェアの複製物を1部作成することができます。ただし，バックアップ用複製物は，本ソフトウェアの原本に含まれる著作権情報のすべてまたは他の所有権表示を含まなければなりません。本契約または適用法が明示的に許諾する範囲を除き，お客様は，本ソフトウェアの全部または一部に対し，複製，逆コンパイル，リバースエンジニアリング，逆アセンブル，修正または二次的著作物の創作を行うことはできません。

　　使用の範囲について，自身のコンピュータへインストールして使用することはOKですが，「ネットワーク上で複数のコンピュータが同時に本ソフトウェアを使用できるようにすること」は禁止されています。バックアップの目的の複製物についても1部のみ作成することができるとされています。逆コンパイルなどソースコードを探索する行為も禁止されています。

4. Limited Warranty

Licensor does not warrant that the functions contained in the Licensed Products will meet Licensee's requirements or that the operation of the Software will be uninterrupted or error-free. Licensor does warrant that the media on which the Software is furnished will be free from defects in materials and workmanship under normal use for a period of ninety (90) days from the date of delivery ("Warranty Period"). Any other software and any hardware furnished with or accompanying the Software is not warranted by Licensor. Licensee's exclusive remedy under this limited warranty is the replacement of any defective physical media on which the Software is furnished, as provided below. To receive a replacement for defective media under this limited warranty, return the defective media to Supplier during the Warranty Period, with proof of payment.

EXCEPT AS PROVIDED ABOVE, THE LICENSED PRODUCT IS PROVIDED "AS IS" WITHOUT WARRANTY OF ANY KIND, EITHER EXPRESSED OR IMPLIED, INCLUDING, BUT NOT IMITED TO, THE IMPLIED WARRANTIES OF MERCHANTABILITY AND FITNESS FOR A PARTICULAR PURPOSE, AND THE ENTIRE RISK AS TO THE QUALITY AND PERFORMANCE OF THE LICENSED PRODUCT IS WITH LICENSEE.

４．媒体についての限定保証

ライセンサーは，本ライセンス製品に含まれる機能がライセンシーの要求に合致すること，ソフトウェアの操作が中断されず，エラーがないことを，保証しないものとします。ただし，ライセンサーは，本ソフトウェアの引渡日から90日の期間内（以下「本保証期間」という。）は，本ソフトウェアが提供される媒体が，通常の使用において材質上および製造上，不具合がないことを保証します。本ソフ

トウェアとともに提供されるその他のいかなるソフトウェアおよびハードウェアについては，ライセンサーは保証しないものとします。本限定保証に基づくライセンシーの唯一の救済方法は，以下に記載のとおり，本ソフトウェアが供給される媒体に物理的な不具合があった場合の交換に限定されるものとします。本限定保証に基づき不具合のある媒体の代替品を受領するためには，不具合のある媒体を支払の証明とともに保証期間内に購入店に返却してください。

上記の条項を除き，本ライセンス製品は，明示的または黙示的を問わず，商品性および特定目的への適合性に関する黙示的保証を含むがそれに限られない，いかなる種類の保証もなしに「現状渡し」で提供されるものとします。かつ，本ライセンス製品の品質および性能に対するすべてのリスクはライセンシーに存在するものとします。

|Key Word| as is（現状渡し）

　　全部大文字の規定は，ライセンサー側の保証義務や損害賠償責任を排除する趣旨の規定ですので，要注意です。つまり，契約書上で規定されているライセンサー側の義務や責任以外は一切排除するという規定です（上記の場合には，ソフトウェアが収納されていたCD等のメディア媒体については，引渡日から90日間の保証をする（CDに傷があった場合には交換する。）が，それ以外の保証は一切しないという趣旨です。ソフトウェアの操作性など中身に関する保証は，別途保守契約を有料で締結してサービスを受けるという趣旨です。）。

　アメリカ法では，サービスの提供者が保証や責任の排除を法的に有効に行うためには，全部大文字の記載にするなどライセンシーに不利な規定であることを気付かせて，ライセンサーからきちんと説明してもらった上で同意するというプロセスを要求しています。アメリカ法に影響されて，準拠法がアメリカ法以外の国の法律であっても，英文契約書であれば，このような記載方法が踏襲されています。

5. DISCLAIMER OF WARRANTIES

YOU EXPRESSLY ACKNOWLEDGE AND AGREE THAT, TO THE EXTENT PERMITTED BY APPLICABLE LAW, USE OF THE THIS SOFTWARE AND ANY SERVICES PERFORMED BY OR ACCESSED THROUGH THE THIS SOFTWARE IS AT YOUR SOLE RISK AND THAT THE ENTIRE RISK AS TO SATISFACTORY QUALITY, PERFORMANCE, ACCURACY AND EFFORT IS WITH YOU.

TO THE MAXIMUM EXTENT PERMITTED BY APPLICABLE LAW, THE THIS SOFTWARE AND SERVICES ARE PROVIDED "AS IS" AND "AS AVAILABLE", WITH ALL FAULTS AND WITHOUT WARRANTY OF ANY KIND, AND THIS AND THIS'S LICENSORS HEREBY DISCLAIM ALL WARRANTIES AND CONDITIONS WITH RESPECT TO THE THIS SOFTWARE AND SERVICES, EITHER EXPRESS, IMPLIED OR STATUTORY, INCLUDING, BUT NOT LIMITED TO, THE IMPLIED WARRANTIES AND/OR CONDITIONS OF MERCHANTABILITY, SATISFACTORY QUALITY, FITNESS FOR A PARTICULAR PURPOSE, ACCURACY, QUIET ENJOYMENT, AND NON-INFRINGEMENT OF THIRD PARTY RIGHTS.

5. 保証の排除

お客様は，本ソフトウェア（上記定義の通り）および本サービス（下記定義の通り）を使用する上での危険はお客様のみが負担し，充分な品質，性能，正確性および努力に関する包括的危険は，お客様にあることを明確に認識し同意します。上記に定める媒体に関する限定保証を除き，また適用法が許可する限りにおいて，本ソフトウェアならびに本サービスは，すべての瑕疵を問わずかつ一切の保証を伴わない「現状渡し」で提供され，ライセンサーならびに使用許諾者は，本ソフトウェアおよび本サービスに関するすべての明示

の，黙示のまたは法令上の保証および条件を明確に否認し，当該保証および条件は，商品性，充分な品質また特定の目的についての適合性，正確性，静粛権および第三者の権利を侵害していないことを含みこれに限られません。

本ソフトウェアのサービスは，「現状渡し」であり，基本的に無保証であること，第4条で規定する保証以外の一切の保証が排除されていることを明確にしています。

6. LIMITATION OF LIABILITY
TO THE EXTENT NOT PROHIBITED BY APPLICABLE LAW, IN NO EVENT SHALL THIS BE LIABLE FOR PERSONAL INJURY, OR ANY INCIDENTAL, SPECIAL, PUNITIVE, INDIRECT OR CONSEQUENTIAL DAMAGES WHATSOEVER, INCLUDING, WITHOUT LIMITATION, DAMAGES FOR LOSS OF PROFITS, CORRUPTION OR LOSS OF DATA, FAILURE TO TRANSMIT OR RECEIVE ANY DATA OR INFORMATION, BUSINESS INTERRUPTION OR ANY OTHER COMMERCIAL DAMAGES OR LOSSES, ARISING OUT OF OR RELATED TO YOUR USE OR INABILITY TO USE THE THIS SOFTWARE OR SERVICES OR ANY THIRD PARTY SOFTWARE OR APPLICATIONS IN CONJUNCTION WITH THE THIS SOFTWARE OR SERVICES, REGARDLESS OF THE THEORY OF LIABILITY (CONTRACT, TORT OR OTHERWISE) AND EVEN IF THIS HAS BEEN ADVISED OF THE POSSIBILITY OF SUCH DAMAGES. IN NO EVENT SHALL LICENSOR'S TOTAL LIABILITY FOR ALL DAMAGES EXCEED THE AMOUNT OF ONE HUNDRED US DOLLARS (US$100.00).

6．責任の制限

法律で禁止されない範囲で，ライセンサーは，本ソフトウェアもしくは本サービスの使用または使用不可に起因するかもしくは関連する，逸失利益，データの消失，仕事の中断またはその他の商業的損害または損失等を含みそれらに限られない，人的死傷または付随的，特別の，懲罰的，間接的または結果的損害について，契約，不法行為，その他の法責任論によるかを問わずに，ライセンサーが当該損害の可能性を通知されていた場合でも，一切の責任を負いません。いかなる場合でも，すべての損害に関するお客様に対するライセンサーの賠償責任の総額は，100米ドルを上限とします。

Key Word　loss of profit（逸失利益）；business interruption（仕事の中断）

　　　ライセンサーは逸失利益，データ喪失などの間接損害等の責任を負わず，法律で責任を負う場合があっても総額の上限を100米ドルと規定しています。

7. License Transfer

You may not rent, lease, lend, redistribute or sublicense the This Software. You may, however, make a one-time permanent transfer of all of your license rights to the This Software to another party, provided that: (a) the transfer must include all of the This Software, including all its component parts, original media (if any), printed materials and this License; (b) you do not retain any copies of the This Software, full or partial, including copies stored on a computer or other storage device; and (c) the party receiving the This Software reads and agrees to accept the terms and conditions of this License.

7. ライセンス譲渡の条件

お客様は，本ソフトウェアのレンタル，リース，貸与またはサブライセンスを行うことはできません。ただし，お客様は，本ソフトウェアに関するお客様が使用許諾された権利のすべてを，1回に限り，第三者に対して永久譲渡をすることができます。この場合，以下の条件をすべて満たさなければなりません。(a) 当該譲渡は，すべての構成要素，媒体の原本，印刷物および本契約書を含む本ソフトウェアのすべてを含んでいなければならないこと。(b) お客様は，本ソフトウェアの複製物を，その全部または一部を問わず，コンピュータまたは他の記憶装置上に保存されているものを含め保持してはならないこと。(c) 本ソフトウェアの譲受人は，本契約書を読み，かつ本契約条件の受諾に同意すること。

　　　顧客が購入したライセンスを第三者へ譲渡したい場合には，ライセンサーは，1回限り認めていますが，その際の条件を上記3つ要求しています。音楽CD等とは異なり，第三者へ勝手に譲渡することができなくなっています。

　　　以前のソフトウェアライセンス契約では，第三者へ譲渡することを一切禁止するものが多かったのですが，最近のバージョンは，上記のように条件付きで認めるものが多くなっています。

8. Termination

This License is effective until terminated. Your rights under this License will terminate automatically without notice if you fail to comply with any term(s) of this License. Upon the termination of this License, you must cease all use of the This Software and destroy all copies, full or partial, of the This Software. Sections 4, 5, 6, 7, 8, 11 and 12 of this License shall survive any such termination.

> 8．契約期間
> 本契約は，終了するまで有効です。本契約に基づくお客様の権利は，本契約条件のいずれかにお客様が違反した場合，通知をすることなく，自動的に終了します。本契約の終了に伴い，お客様は，本ソフトウェアの使用をすべて中止し，本ソフトウェアの原本および複製物を，その全部または一部を問わず，すべて破棄しなければなりません。

　ソフトウェアライセンス契約の期間はとくに定められていませんが，顧客が契約違反を行った場合には自動的に契約が終了することを定めています。つまり顧客が契約違反をしなければ，未来永劫使用を続けることができますので，このようなライセンス形態を「永久ライセンス（Perpetual License）」とも呼んでいます。

> 9. Taxes
> Any taxes that may be levied on the payments made under this Agreement, by any applicable government authority, will be passed through to and payable by the Licensee. Should Licensor be required to pay or pays these taxes, Licensee will promptly reimburse Licensor.
> 9．税金
> 本契約に基づいて行われる支払いにつき政府当局により課され得る税金は，ライセンシーに転嫁され，ライセンシーが支払うものとする。ライセンサーがこれらの税金の支払いを求められるか，もしくは，これを支払う場合，ライセンシーは，ただちに，ライセンサーに対して当該支払額を払い戻す。

> 10. Export Control
> You may not use or otherwise export or re-export the This Software except as authorized by United States law and the laws of the jurisdiction(s) in which the This Software was obtained.
>
> 10. 輸出管理
> お客様は，アメリカ合衆国の法律および本製品が取得された国の法律が認めている場合を除き，本製品を使用または輸出もしくは再輸出することはできません。

　　　この後に一般条項を最後にまとめて記載することになります。
　　完全合意，可分性，準拠法，裁判管轄の規定が中心になります。

第5章

英文契約と交渉の実務

1 雛形の活用

❶ 雛形の重要性

　英文契約書のドラフトの実際をみてみると，英文契約書をゼロからドラフトする人はほとんどいないでしょう。適切な雛形を見つけることができれば，それで仕事の80％は終わると言われています。それでは，具体的に適切な雛形を見つけるためにどのような点に留意するべきでしょうか。

　誤った雛形を使わないようにすることがもっとも重要です。そのために，検索の対象となっている雛形が，具体的にどちらの立場で書かれているかを理解・認識したうえで精査することが必要です（たとえば，売買契約書の場合，売主の立場で書かれたものと，買主の立場で書かれたものでは，内容や場合によっては契約構成が異なる場合もあります）。ですから，何ら説明書きなしに雛形が必要以上に多く存在することは百害あって一利なしといえます。

　長期的には，管理すべき雛形を一度整理して，できれば各雛形に契約内容のサマリーを付けておくべきでしょう（契約内容のサマリーは，契約書の締結のために役員決裁を得るときの稟議書でカバーすべき項目をイメージしてください）。たとえばはじめての新入社員にも契約書の概要が分かるようなサマリーを付けておけば，誤った雛形を選んでしまうことはなくなるでしょう。

　それでは，英文契約書の雛形の入手・管理は具体的にどのようにしたらよいでしょうか。英文契約書の雛形の入手方法には以下のものがあります。

❷ 契約の相手方から入手する

　契約の相手方から入手する方法があります。これはもっとも実務に使用しやすい雛形です。ただし，他社から受け取った雛形を参考に自社で雛形を作成する場合には，いくつかの点に留意する必要があります。

　著作権侵害のおそれはないでしょうか。契約書自体が著作物として保護されるかどうかは議論がありますが，少なくとも他社の雛形を参考にして自社雛形を独自に作成することは問題ない場合が多いでしょう。また，相手方に雛形を提示する際に注意すべき点は，ファイルの編集履歴を消す（変更を承認する）ことです。雛形を入手した他の企業（第三者）との交渉（編集）履歴の中身が見えてしまうからです。

❸ 市販の雛形集を活用する

　英文契約書に関する解説本で入門者向けにおすすめなものとは，どんな本でしょう。書店では，多くの契約書の雛形集が並んでいます。最近では，データベース化した契約書の雛形集を提供している会社や出版社もあります。あまたの契約書の解説書の中で適切なものは何かというのは非常に難しいのですが，一応以下のように考えるべきでしょう。

　まずは，著者や編者の経歴を見て，みなさんが所属されている業界（たとえば自動車業界）と同じ業界の経歴がある方の雛形集にはおそらく使えるものが多く含まれていると思います。つまり契約書も業界によって使用される契約書の種類が異なりますので，同じ業界にいた方が書いた解説書が有用となるのです。

　たとえば，IT関連の英文契約書について書かれている本でお勧めのものを探す場合，一口に「IT関連」といっても，具体的に何を事業目的としているかによって，使用する契約書の種類も大きく異なります。そこで，直前の質問と同様に，著者や編者の経歴を見て，みなさんが所属されている業界と同じ業界の経歴が

ある方の雛形集はおそらく有用なものが多く含まれていると思います。

初学者が参考までに読む場合には，市販の契約書雛形集は一応参考になります。ただし，市販の契約書雛形集は古いものが多いので，そのままドラフトとして使用する場合には，その点を認識しておく必要があります。特に，IT関連の契約書，NDAや一般条項は近年，進歩・変化が激しいので注意を要します。

さいごに，英文契約書の読み書きのために役に立つ辞典は用意する必要があります。英文契約書でご高名な長谷川俊明弁護士が編集された『LAWDAS法律英語辞典』（Lexis/Nexis Japan）がとりわけ英文契約書に必要な用語が網羅されています。

❹ ウェブから入手する方法

Lexis/NexisのFindLawの中に無料で掲載されている掲示板がありますが，おそらくアメリカSECでいったん公開された契約書を再掲載されていると思われます。アメリカSECのサイトには，上場企業の重要契約が掲載されていますが未整理であり使いにくいです。その点，ONECLEでは，SECのサイトで公開された契約書が整理されています（たとえば，Sale and Purchase Agreement, Distributor Agreement, License Agreement, Joint Venture Agreementなど）。著者は，条文のバリエーションを探すときによく利用します。たとえば，契約譲渡禁止規定（No Assignment）のバリエーションとして，当事者の親会社や子会社への譲渡は例外的に認めるという場合に，どのようにドラフトしているかをONECLEで複数の契約書へあたって探してみると良いでしょう。

❺ 自分でオリジナルを作る

取引形態に近い雛形が見つからない場合には，自分でオリジナルを作るしかありません。たとえば，暫定的な覚書や合弁事業契

約書はオリジナルで作成する場合が多くなりますが，その場合には，まず契約書の骨子（目次）を構成して，それに徐々に肉付けしていくと良いでしょう。

❻ 英文契約書雛形の管理手法について

　つぎに，英文契約書雛形の管理手法について考えてみましょう。最も重要な点は，必ず「初回提示版」を雛形として管理することです。

　仮に，実際の調印版を雛形として管理してしまった場合に，それを他社へ提示するときのドラフトとして使用してしまうと，もともと調印版は妥協の産物であるので，表現が玉虫色になっています。別の契約のときにそれを相手へ提示すると，そこからさらに譲歩を要求され，紛争時のトラブルになるリスクもあります。

　そこで，必ず「初回提示版」を雛形として管理することが必要になります。調印版は，当該相手方に対してのみ提示した自社の譲歩が多く含まれており，これを今後の類似案件での基本形（雛形）とすることは，自社の利益にはならないでしょう。徹底するならば，今後の誤用を避けるために両当事者がサインをしたという証拠として調印版のPDFだけを残し，それに至るまでに作成したワード版ファイルは思い切って捨てるようにすべきです。

　なお，雛形の分類方法については，マニアックな細かい分類よりも，（たとえば，Sale and Purchase Agreement, Distributor Agreement, License Agreement, Joint Venture Agreementなどの）大雑把な分類のほうが利用しやすくなります。せっかく雛形が在るのに，どこかの分類へ埋没してしまい，探せないこともあるからです。

2 英文契約の交渉の極意

　『初めての人のための契約書の実務（第2版）』第4章の5の「交渉の極意−22のポイント」が英文契約書の交渉にもあてはまるので，そちらもご参照ください。加えて英文契約書の交渉の極意として，さらに強調したい点は以下のとおりです。

❶ 達成したい目標を明確に意識する

　その取引により，**会社が達成したい目標**を明確にする。その上で会社の投資損失をミニマムにする。

　具体的には，会社の事業戦略に沿って，**最低条件**（ミニマム）を押さえた上で効率的な契約・条件交渉を進めるべきでしょう。

❷ 感情をコントロールする

　交渉相手への感情と交渉相手との交渉（仕事）を明確に区別しましょう。欧米人で交渉慣れしている人は，あなたに無理難題を吹っかけて反応を見ようとします。そこであなたが怒ってしまい，感情のコントロールができないと分かると，次々と難題を押し付けてきます。そうなってしまうと完全に相手のペースになってしまいます。

❸「沈黙は金」のときもある

　日本人の美徳といえる「沈黙は金」を実践し，相手の譲歩を引き出すことが必要かつ有効なときがあります。相手が交渉慣れした責任者だと，こちらの沈黙が耐えられなくなり，自身で勝手に譲歩案を次々と提示してくることが，おうおうにしてあります。当方としては，それらの譲歩案の中から妥協できるものを選べば

よいのです。上記の効果は，筆者がロースクールにおける演習で確認済みです。

❹ 代案はつねに用意する

　代案をできるだけたくさん用意します。ただし提示するタイミングが重要です。

　まず，相手の出方（先）を読み，交渉の展開をイメージします。イメージトレーニングが重要です。

　一般的には，準備を十分にしてくれば，その当事者の提案をベースに議論が始まります。準備をしてきたほうに引っ張られて合意されるので，有利に展開する可能性が高くなります。条件提示をする場合には，相手方への不利益訂正は理由がない限り認められないので，慎重に検討した上で提示をします。

　ただ準備を十分し過ぎてしまうと，そのシナリオにない代案を相手から提示された場合に，パニックになり，十分な契約交渉をせずに受け入れてしまう可能性があるので，この点は要注意です。

❺ ビジネスの実態を理解する

　成功させるべきビジネスの客観的基準，情報を集めて，相手方へエビデンスとして提示することにより，主張の説得力が増します。その場合，他人（相手や当方の上司・同僚・部下）から言われたことを簡単に信用しないで，一般常識や自分の常識までを疑い，自分で検証することが大切です。

　最終的に，裁判になる具体的事例を予想して，有利不利を判断します。たとえば準拠法・裁判管轄は必ずしも自国のほうが有利とは限りません。

　実際には与えられた事実関係についての理解や情報が不十分・不完全な状況で相手方と戦うことになるので，いかに理論武装しておくかが重要です。代理人もすべてを知っているわけではないのです。

ビジネスのオペレーションもイメージしてみるとリスクが見えてきます。

❻ 交渉にあたっての留意ポイント

交渉の窓口は一本化する，回答期限を設定する，などは，交渉を効率的に進めるための基本です。そのほかでは，議事録の取り方が意外に難しくなってきます。時系列で発言者ごとにまとめるか，あるいは，論点ごとにまとめて行くかなど，ケース・バイ・ケースで検討する必要があります。

❼ さいごに——相手方の主張や立場を理解する

双方が満足する解決策を見出すことにつながるからです。相手方から信頼を得ることで合意が得られやすくなります。基本的には性悪説で交渉に臨むべきですが，その上で，一定の信頼関係がなければ，交渉は成り立ちません。

第6章

英文契約書に関する素朴なQ&A

1　準拠法・裁判管轄・仲裁に関するQ&A

　もっとも多く寄せられる質問である，準拠法・裁判管轄・仲裁をどうすべきかから始めましょう。

　まず，**準拠法**とは，裁判や仲裁で紛争解決する場合に，契約を解釈するときの基準となる法律をどこにするかという問題です。契約書が準拠すべき法律がどこの国の法律かを決めるものです。

　準拠法は契約書上で合意されていなくても裁判地の国際私法（日本では方の適用に関する通則法）が当該取引にもっとも密接な場所の法律を決定して適用してくれますが，契約当事者間で合意することができ，それを契約書上で合意しておけば，裁判所は当事者間の合意した準拠法を尊重してくれます。

　他方，**裁判管轄**と**仲裁**は，契約当事者間で紛争になった際に解決する方法の選択肢になります。契約当事者間で紛争になった際に裁判か仲裁のいずれを選択すべきかという二者択一になります。契約書上で裁判を選択すれば仲裁はできませんし，仲裁を選択すれば裁判はできません。お互いに排他的な関係にあります。

　英文契約書上で準拠法・裁判管轄・仲裁を合意する時の具体的な留意点について，以下Q&Aの形式で見てみましょう。

〔被告地主義のメリット〕
裁判の場合に被告地主義のメリットが大きいといわれますが，その理由を教えてください。

【Answer】
　裁判の場合に**被告地主義**のメリットが大きいといわれます。これは，判決の執行の問題がないからです（自国の裁判所で勝訴判決を得ても相手方国でそのまま執行できない）。裁判の場合に，その裁判国以外の法律が準拠法とされる場合がありますが，それにより訴訟の遅延，鑑定等の費用の増大の短所がありますので，先進国でビジネス法の分野であれば基本的には同じことを前提とすれば，被告地の法律を準拠法とする選択肢も検討に値します。
　たとえば，日本企業X社が米国カリフォルニア州のY社に対して契約書の裁判管轄合意に基づいて東京地裁で裁判を行い，X社が勝訴しその判決（1億円の支払い命令）が控訴されずに確定したとしましょう。
　この場合に，Y社が判決に従って1億円を支払ってくれれば良いのですが，もしY社が任意に支払ってくれない場合には，強制執行を行うことになります。そこでY社の資産がもし日本国内に存在しなければ強制執行は「絵に描いたもち」となってしまいます。
　そこで，もしX社が何とかしてこの東京地裁の確定判決を執行したいとするならば，東京地裁の確定判決を米国カリフォルニア州の裁判所（相手方の国の裁判所）へ持ち込んで，この判決を承認してもらわなければなりません。これには多大の費用と時間が必要になります。そこで，むしろ最初から，相手方の国の裁判所で裁判を行い，そこで勝訴判決が下れば，それをそのまま相手方の国で執行することができます。そのため，最近の傾向としては，相手方の国で裁判を行うほうが結果的には救済が得られるという考え方になってきているのです。

〔ニューヨーク条約の執行力〕
仲裁に関するニューヨーク条約の加盟国以外の国や地域（台湾など）の企業と英文契約書を締結する場合に，仲裁条項を合意しても仲裁判断の執行力は及ばないでしょうか。

【Answer】

裁判とは異なり，仲裁の場合には，仲裁に関するニューヨーク条約というのがありますので，加盟国間では仲裁判断を執行することは容易ですが，台湾などの地域はこのニューヨーク条約に加盟していません。

仲裁判断の相互承認条約がない限りは，仲裁条項を合意しても仲裁判断の執行力は及ばないでしょう。

そこで，ニューヨーク条約に従って仲裁判断を執行することはできませんので，相手方で仲裁を行うことが選択肢となるでしょう。

〔準拠法をどの国にするか〕
準拠法として指定する場合には，日本法や英米法以外は合意しないほうが良いでしょうか。第三国を指定することは何か問題がありますか。

【Answer】

準拠法として指定する国の法律は，当事者のいずれかの国の法律でなくとも第三国を指定することも可能です。

ただし，準拠法として指定する国の法律は，内容を容易に知り理解できるという理由から英米法の法律にすべきでしょう。

そこで英語でアクセスできる，英国法やアメリカ各州の法律，あるいはシンガポール法などが指定されるケースが多いのです。

〔準拠法の合意がない場合〕
準拠法の合意がない場合には，国際私法（日本では通則法）が適用されるということですが，具体的にどのように準拠法が決定されるのですか。

【Answer】

原則として，対象取引に最も密接な地（最密接地）の法律が適用されます。たとえば契約締結地，履行地などです。

 〔仲裁判断の執行〕
仲裁に関するニューヨーク条約の加盟国でも仲裁判断が執行されなかったケースはありますか。そのようなリスクを回避するためにはどのように対処すべきでしょうか。

【Answer】

仲裁に関するニューヨーク条約では，仲裁判断が執行される要件としては，その国の公序良俗に反しない判断であることが要求されていますので，仲裁判断が執行される国の法律と準拠法で乖離があり，執行されないケースは例外的ですがあります。

シンガポールの仲裁判断（シンガポール法が準拠法）がインドの裁判所で執行が認められなかったケースがあります（シンガポール，インドはいずれもニューヨーク条約の加盟国）。

執行国は，公序良俗違反（強行法規違反）の場合に仲裁判断を執行しない最終決定権をもちますので，この場合には，準拠法を執行国の法律にしておけばリスクが軽減できるでしょう。

〔仲裁と訴訟〕
仲裁合意条項では,契約当事者が仲裁判断に拘束されると規定していますが,仲裁判断が裁判でむし返されて,さらに裁判で争われるようなケースはあるのですか。それはどのような事例でしたか。

【Answer】
　労働契約の仲裁条項の合意など契約当事者間の力関係によって,不平等契約が締結される場合には,労働者の合意が任意に行われたものでないので無効とされたケースは米国であります。
　一般には,対等の企業間契約では,無効とされるケースは稀でしょう。

 〔中国ビジネスと準拠法〕
中国の企業と契約を締結する場合に,日本法を準拠法として提案したが承諾されませんでした。そこで,中国法ではなく,香港やシンガポールなどの第三国の法律を提案したいが,何かリスクはあるでしょうか。

【Answer】
　香港やシンガポールなどは,第三国の法律ではありますが,他国の法律と比べると中国法に密接に関係していることから中国での確定判決や仲裁判断の執行が他国法よりスムーズであるといわれています。
　中国法とあまりに乖離した法律を準拠法として指定すると執行されないリスクはありますが,比較的近いといわれる,香港やシンガポールなどの第三国の法律であればリスクは少ないでしょう。

 〔アメリカの裁判管轄〕
アメリカの各州を裁判管轄に指定する場合に何か注意すべき点はありますか。

【Answer】

　結果的に，陪審裁判になるリスクが大きいので，可能な限り，アメリカの各州を裁判管轄に指定することは避けてください。

　アメリカの裁判所では，いずれかの当事者が要求すれば陪審裁判になります。つまり日本側が反対しても陪審裁判になってしまいます。陪審裁判になりますと外国企業は偏見をもたれて不利に扱われることが多いので（アップル対サムスン特許侵害訴訟が良い例），アメリカの各州を裁判管轄に指定すべきではないとされています。

　相手方の米国企業の強い要求でアメリカで紛争解決したいという場合には，アメリカの各州か，他国での仲裁によるべきです。

〔ウィーン条約と準拠法〕
準拠法にウィーン条約が適用される場合の留意点について教えてください。

【Answer】

　国際物品売買契約に関する国際連合条約（The United Nations Convention on Contracts for the International Sale of Goods）（通称ウィーン条約）が2009年1月1日からが施行されました。

　ウィーン条約は，CISGやウィーン条約と略称されますが，1980年3〜4月ウィーン外交会議で採択され，1988年1月1日に発効しています。締結国は，2009年5月現在74カ国です。

　これにより，日本企業（日本国内に主たる事業所を有する企業）が条約締結国に営業所を有する企業と国際売買契約を締結した場合には，国際売買契約の準拠法の選択に優先してCISGが適用されます。CISGの全部もしくは各規定は，原則として契約当事者間の合意により，オプトアウト（適用排除）をすることが可能となっています（第6条（条約の適用排除，任意規定性））。物品売買契約書の実務において，会社としては，売主の場合，買主の場合，それぞれについて，ウィーン条約の適用を全部排除するのか，一部排除するのか，排除しないのかについて，あらか

じめ態度を決めておく必要があるでしょう。

〔紛争解決方法の選択〕
紛争解決と準拠法の規定は結局どのようにするのが適切なのでしょうか。仲裁，裁判，準拠法にそれぞれを決定する場合に，何か基準はありますか。

【Answer】

　一概には言えませんが，どのような紛争が発生するかのシミュレーションをしていただき，当方が請求したり，されたりする際に，どこでどのような方法で紛争解決を行うべきかを総合的に検討すべきです。

　一般的には，仲裁合意であれば，判断が（ニューヨーク条約で）国際的な執行力を持つので，自国で（自国の準拠法で）行うことが適切とされる場合が多いでしょう。他方で，裁判の場合には，被告地主義（準拠法も含み）を選択するのが適切とされる場合が多いでしょう。これまで見てきたように，仲裁合意でも，裁判管轄合意でも，準拠法は相手国の法律を選択することが結果的にこちら側に有利といえます。

　ただし，個別具体的な事例では判断が異なることもあるので，どのような請求が一方から他方に対して行われるかを具体的にシミュレーションし，なにが最も適切であるか選択していただくことになるでしょう。最低限言えることは，必ずしも自国がベストとは言えないことです。

〔完全合意条項〕
日本法を準拠法とする場合に，完全合意条項は不要ですか。

【Answer】

　完全合意条項はそもそも英米法の口頭証拠の法則が契約上で明文化されたものですので，英米法が準拠法の場合には，契約書へ記載しなくてもそのルールが適用されますが，英米法以外のたとえば日本法が準拠法の場合には，契約書へ記載しなければそのルールが適用されません。

2 英文契約書の落とし穴に関するQ&A

〔免責条項〕
第三者の知的財産権侵害の免責条項の場合に、サプライヤー（売主）側は、自国の知的財産権、たとえばUS Patentのみを免責の対象にしてくるケースが多いのですが、買主側としては、どのように対応したら良いでしょうか。

【Answer】
　USを削除してもらい、XXX Patentとして自国の特許も含まれるように提案すべきでしょう。国名を入れずに"any patent"とすれば、あらゆる国がカバーされます。

〔契約履行の保証文言〕
英文契約書を外資系企業の日本法人と締結していますが、裁判になった場合を考えると不安があります。何か留意すべき点はありますか。

【Answer】
　このようなケースは稀ですが、親会社から契約履行の保証状（guarantee letter）や契約書上の保証文言を得ることが考えられます。

〔保証の排除〕
英文契約書の中で、すべて大文字で書かれている条項は修正か削除してカウンタープロポーザルを送らなければいけないと聞いたことがあります。本当でしょうか。

【Answer】
　これは、保証の排除（disclaimer of warranty）とよばれる条項です。

アメリカ各州の法律では、売買契約の売主の保証義務は、目立つ形式（大文字、赤字など）で書かないと保証義務を排除することができません。ですから買主側はこのような条文には要注意です。

〔損害の意味〕
損害賠償や免責の対象となる損害（damage）の種類にはどのようなものがあり、どのような違いがあるのですか。損害賠償条項や免責条項の交渉の際にdamageの具体的な内容が曖昧なままに交渉してしまっているので、相手方と空中戦をやっているような気がしてなりません。

【Answer】
　瑕疵の修理費用や人の死傷などPL損害を含む直接損害（direct damage）と逸失利益などの間接損害（indirect damage）などがあります。

　一般的には、売主側は、直接損害のみ責任を負い、製品の購入価格を上限とする主張をしてくるケースが多く、買主側は、直接・間接関係なくすべての損害を青天井で責任を負って欲しいと要求してくるでしょう。

　最終的には力関係で決まってきますが、交渉時には、具体的な損害の例を出し合って、より具体的な議論をするとまとまり易いでしょう。

3 交渉が難航したケースに関するQ&A

〔売主・買主の立場と契約条項〕
売主の立場が強いと"Hold Harmless Clause"を入れる場合が多く、他方で、買主立場が強いと"Disclaimer Clause"を入れる場合が多いように思いますが、この解釈で正しいでしょうか。一般には"Disclaimer Clause"を入れると売主の同意を得ることがかなり難しいのでしょうか。

【Answer】
呼び方で法的性質が変わってくることはありません。中味で判断されます。

損害賠償責任と同様に、交渉時には、具体的な損害の例を出し合って、より具体的な議論をするとまとまり易いでしょう。

〔契約違反による損害賠償責任〕
サプライヤー（売主）側は、Limitations of Liabilityという形で、契約違反による損害賠償責任に上限を付けようとすることが多いですが、買主側としてはこれを取り除いてもらいたいと強く思っています。具体的にどのような交渉方法や対応方法があるでしょうか。

【Answer】
買主側も上限があっても十分な損害賠償金額（たとえば10億円など）が確保されていれば合意し易くなるでしょう。

売主側としても、上場企業の場合には、無制限に契約上の責任を負うわけには行かないので、何らかの上限は必須と考えるでしょう。

〔ラストショットルール〕
General Terms & Conditions（一般取引条件，あるいは取引約款）がお互いそれぞれの約款を相手方へ送りつけることが実務上行われていますが，この場合に考えられるリスクや対応方法があれば教えてください。相互に相手方へ約款を送りつけた場合どちらの約款が法律的には優先するのでしょうか。

【Answer】

ウィーン物品売買条約でも採用されていますが，一般的には，最後に約款を相手方へ送付した当事者の約款が優先して適用される場合が多いでしょう。

最後に提示された申し込みが，相手方の契約履行行為（たとえば，商品の引渡しの受領，請求書の発行，代金の支払などがこれにあたります。）によって，承諾されたことになり，契約が成立します。これをラストショットルールといいます（第1章④参照）。

〔中国企業との交渉〕
中国の企業との契約交渉で注意する点を教えてください。

【Answer】

日本の裁判所を管轄裁判所とすることで合意することは避けてください。

日中間では，裁判所判決の相互承認の条約がありませんので，日本の裁判管轄を合意した場合で，日本で勝訴判決を得ても，中国で執行する手段がありません。

〔ペナルティー条項〕
契約義務の履行（製品の引渡し等）が遅延した場合に，ペナルティー条項を入れたいのですが，何か注意すべき点はありますか。

【Answer】
　金額を非常識なものにすると，日本を除く多くの国では，合理的損害額まで減額されるリスクがあります。ただし，今度の日本の民法改正では他国と同様に合理的な損害額まで減額される場合があることになります。

4 英文契約書の解釈に関するQ&A

〔契約終了後の義務〕
国際ライセンス契約において、ノウハウのライセンスがあった場合ですが、残存条項等の規定により、契約終了後の義務に特段の取り決めがない場合には、契約終了後は当該ノウハウを自由に使用できるという解釈になるでしょうか。それとも使用ができないという解釈になるのでしょうか。

【Answer】
　明確に使用することができると書かれてない場合には、使用の継続は難しいでしょう。ただし、実際には使用されていて、ライセンサーもとくに文句を言わないケースが多いでしょう。

〔契約書で決めていない事項〕
売主の立場でも買主の立場でも、契約書に何も決めていない場合には、法的な救済は一切付与されないのでしょうか。たとえば製品保証についての規定が契約書にない場合に、買主は救済されないのでしょうか。

【Answer】
　売主の瑕疵担保責任について契約書で何も書かれていない場合であっても、日本法が準拠法の場合には、民法第570条が補充的に適用されて売主の瑕疵担保責任が契約当事者間で有効に適用されて買主は救済されます。
　反対に、契約書に何も書いてないから責任を負わないことにはなりません。たとえば、契約違反による損害賠償責任について契約書には何も書いていなくても、民法の一般的なルールが適用されることになります。それによれば、契約違反と発生した損害との間に法律的な因果関係（発

生じた損害が一般に予見が可能かどうか）が認められれば，金額的には上限はありません。つまり，損害賠償責任は青天井になります。

 〔基本契約書と個別契約書の優先順位〕
基本契約書（Master Agreement）と個別契約書（Individual Contract）とで矛盾する規定がある場合に，いずれが優先するか規定がない場合には，どちらが優先すると解釈すべきでしょうか。

【Answer】

　基本契約書と個別契約書との関係については，基本契約書に基づき簡潔な個別契約を締結して，基本契約の条件を適用する便法を使います。しかしながら，個別契約書の規定と基本契約書の規定が結果的に矛盾してしまった場合にどちらの規定が優先して適用されるのでしょうか。

　どちらを優先するかについてとくに規定が設けられなかった場合には，一般的な解釈では，個別契約書の規定が優先するでしょう。個別契約書が多くは日付的に後であるので基本契約書の変更と見られること，基本契約書に比べると個別契約書の方がより詳細に記載されていることなどの理由があげられています。

5 専門用語に関するQ&A

〔衡平法とは〕
「契約違反が発生した場合には，金銭的な損害賠償では不十分であり，違反行為の差し止め等の衡平法（equity）上の救済を受けることに合意する。」といった趣旨の規定を英文契約書でよく見ますが，この意味を教えてください。衡平法（equity）とは何でしょうか。

【Answer】
　衡平法（equity）は英米法の概念で，例外的な法ルールをいいます。
　つまり英米法の原則ルール（コモンロー）では，契約違反の救済には損害賠償が原則ですが，衡平法（equity）の救済は，放置しておくと損害が拡大するので，それを阻止するために，差し止めを例外的に認めてもらうことができます。これが衡平法（equity）の救済です。

〔willの意味〕
IT業界の英文契約書ではwillを使用することが多くなっています。どのように解釈したら良いでしょうか。

【Answer】
　義務を表わすshallと同じ意味で使用されています。最近シリコンバレーの企業から出されるドラフトは，shallの代わりにwillが使用されています。

〔合意と契約の違い〕
AgreementとContractでは法的な効力に違いがありますか。

【Answer】
　過去には，Agreementが単なる合意で法的効力が付与されていない段階をいい，Contractは法的に効力を持つ契約をさすとされてきましたが，現代では，両者は同じ法的効力を持つ契約を指すとされています。ただ，基本契約（ある意味完全な契約ではない）はMaster AgreementとAgreementを使用し，個別契約書では，individual contractとContractを使用する場合のように，名残は残っています。

　〔「期間」の使い方〕
　periodとtermの違いについて教えてください。契約書では，termが使用されていることが多いようです。

【Answer】
　物理的な期間がperiodで，"term"は，契約期間をさします。"terms"は，契約条項を意味しますので，注意してください。

6 印紙税法の適用に関するQ&A

〔英文契約書と印紙税〕
英文契約書は，印紙税法の課税文書となりますか。

【Answer】
はい。英文で書かれていても，日本で締結された契約書は，印紙税法の課税文書となります。

〔印紙税と準拠法〕
印紙税法の課税文書と英文契約書の準拠法とは関係があるのでしょうか。

【Answer】
日本で締結された契約書は，印紙税法が適用されますので，準拠法を日本以外に指定しても，印紙税法の適用を免れることはできません。

〔印紙税と契約書の効力〕
印紙を貼付していない課税文書である英文契約書の法的な効力は影響を受けるのでしょうか。

【Answer】
印紙を貼っていない課税文書の契約書でも，契約の効力は影響を受けません。民法の効力と税法の効力は，必ずしも一致しません。

7 代理店保護法に関するQ&A

〔代理店保護法を定める国〕
代理店保護法がある主な国はどこがありますか。

【Answer】

代理店保護法とは，非独占の契約でも独占販売権を認めるものや，契約期間が1年間と契約書で合意されていても，投資が回収できる合理的な期間（たとえば5年間など）は契約を継続しなければならないといった代理店を保護する法制度をいいます。

中米諸国，中近東，欧州大陸（ドイツ，スイス，フランスなど）にみられます。

〔適用の回避〕
代理店保護法の適用を回避する方法はありますか。

【Answer】

たとえば，スポット取引を続けていけば，継続的な取引が前提の代理店保護法の適用を回避できる可能性があります。

8 ウィーン条約, インコタームズに関するQ&A

〔ウィーン条約とは〕
2009年1月1日からウィーン条約が施行されましたが、その概要を教えてください。

【Answer】
　国際物品売買契約に関する国際連合条約（The United Nations Convention on Contracts for the International Sale of Goods）が2008年7月に国会で批准が承認され、2009年8月1日に日本でも発効しました。CISGやウィーン条約と略称され、1980年3〜4月ウィーン外交会議で採択され、1988年1月1日に発効しています。締結国は、2009年5月現在74カ国です。

　これにより、日本企業（日本国内に主たる事業所を有する企業）が条約締結国に営業所を有する企業と国際売買契約を締結した場合には、国際売買契約の準拠法の選択に優先してCISGが適用されます。CISGの全部もしくは各規定は、原則として契約当事者間の合意により、オプトアウト（適用排除）をすることが可能となっています（第6条（条約の適用排除、任意規定性））。

〔ウィーン条約の影響〕
物品売買契約書の実務において、会社として何か具体的に注意すべき点はありますか。雛形の見直しや今後の契約交渉の方針の変更などを行うべきでしょうか。

【Answer】
　ウィーン売買条約の裁判例では、同じ争点でも結論がバラバラのものが多く、法的安定性を欠くといわれています。そこで、ウィーン売買条約は全部排除する規定を準拠法合意の直後へ入れるのが良いでしょう。

〔インコタームズの制定〕
INCOTERMS 2010が制定されましたが、その概要を教えてください。

【Answer】

　2011年1月1日にINCOTERMS（インコタームズ）2010が発効されました。INCOTERMS 2010では、従来使用されていた「条件（Terms）」という用語を「規則（Rules）」という用語に置き換えています。また、国内取引にもこれらの規則が適用できると明記されました。従来4種類13条件だったところ、INCOTERMS 2010では2種類11規則（条件）へ改定されました。

　新しい2種類の分類とは「あらゆる輸送形態に適した規則（Rules for Any Mode or Modes of Transport）」および「海上および内陸水路輸送のための規則（Rules for Sea and Inland Waterway Transport）」です。

　規則（条件）については、従来のDAF、DES、DEQ、DDUの4規則（条件）が廃止され、DEQの代わりにDAT（Delivered At Terminal ターミナル持込渡し）、DAF、DES、DDUの代わりにDAP（Delivered At Place 仕向地持込渡し）が新設されています。

　広く用いられているFOB、CFR、CIFの引渡し時点については、従来の「本船の欄干通過時点」を改め、「本船甲板渡し条件」とし、搬送途中の物品を譲渡する場合の条件として利用できるように改訂されました。

9 外部コンサルタント，法律事務所，翻訳業者に関するQ&A

〔翻訳外注の留意点〕
英文契約書の翻訳を外注する場合にどこへ外注するのが適切でしょうか。何か注意点はありますか。日本語訳と英訳とで分けて考える必要があるでしょうか。

【Answer】

経費が安くなるがクオリティーはさほど落ちない地方の翻訳会社へ依頼するのも一案です。

翻訳は担当者によってクオリティーのバラつきがありますので，できれば，できる翻訳者の方の名前をチェックしてその方に担当してもらうようにすべきでしょう。

〔レビュー依頼時の留意点〕
英文契約書のレビューを法律事務所やコンサルタントへ依頼する場合に，何か注意すべき点はありますか。

【Answer】

契約書のレビューを法律事務所へ依頼する場合には，依頼者が心配な点を1行でも2行でも伝えることが非常に重要です。

法律事務所としては，依頼者が心配されている点を事前に教えてもらえれば，その点を中心にレビューすることになりますので，ポイントを得て効率的なレビューができるでしょう。

契約書のレビューを法律事務所へ依頼する場合には，最終段階になってから，念のために弁護士に見てもらおうとなることも多いのが実状です。最終段階ですので，いまから大きな修正はあり得ないでしょう。そこで契約書のレビューを法律事務所へ依頼する場合には，できるだけ早い段階で相談して問題があれば早期対応すべきと思います。

10 民法改正に関するQ&A

〔民法改正の影響〕
改正民法が2020年4月1日から施行されることになりますが，英文契約書実務への影響は具体的にどのようなものがありますか？

【Answer】
英文契約書実務への影響は以下と考えることができます。
① 準拠法の指定が日本法以外の外国法の場合には，改正民法は，基本的には英文契約書実務へ影響がありません。
② 準拠法の指定が日本法の場合で，契約書に取り決めていない事項が改正部分により補充されたり（「任意規定」），あるいは，契約書に規定があっても改正部分が強制的に適用される（「強行規定」）ことになります。
③ 改正部分が任意規定に該当するか強行規定に該当するかについては，今後の裁判所の解釈に委ねられます。

〔定型約款〕
改正民法では，定型取引についての「定型約款」の規定が新たに設けられています。改正民法が成立し，施行された場合には，具体的にどのようになるのでしょうか。

【Answer】
改正民法が成立し，施行された場合には，具体的には，以下のようになります。
① まずは改正案の規定が適用される定型約款を定義しています。定型約款を「定型取引において，契約の内容とすることを目的としてその特定の者により準備された条項の総体」と定義しています。「定型取

引」とは，ある特定の者が不特定多数の者を相手方として行う取引であって，その内容の全部又は一部が画一的であることがその双方にとって合理的なものをいいます。

② 具体的に定型約款に該当する「約款」は，企業の消費者取引だけでなく企業間取引にも適用される可能性があります。ただし企業間取引は画一的な消費者取引とは異なり個別的・個性的な取引になる場合がほとんどですので「特定の者が不特定多数の者を相手方として行う取引」や「画一的であることがその双方にとって合理的なもの」の要件を満たす場合は少ないでしょう。そこで，定型約款が適用されない企業間で利用される約款については，従来通り，「書式の争い」のルールが適用されることになるでしょう。

③ 消費者向けの約款については，これまでも消費者契約法の規定（勧誘時の消費者誤認による取消し，消費者に一方的に不利な条項の無効）が適用されますが，それらに加えて，今回の定型約款の規定が適用されます。

④ 新設される「定型約款」規定は，(1) 消費者もしくは事業者（企業）の利益を一方的に害するような約款については合意しないとみなされること，(2) 事業者（企業）が約款を契約内容とすることを明示していれば消費者もしくは事業者（企業）が理解していなくても有効とすること，(3) ただし消費者もしくは事業者（企業）の利益を一方的に害し信義則に反する約款の条項は無効とすること，(4) 契約後の約款の変更は，消費者もしくは事業者（企業）の利益になる場合等に限定することが規定されます。

〔請負と準委任〕
請負と準委任と違いが，改正民法では，何か変更されるのでしょうか？

【Answer】
　現行民法では，請負と準委任とでは，報酬請求権で大きな差異がありました（請負では仕事を完成・引渡をしないと対価請求権が発生しませんが，準委任では，すでに行った作業については対価請求ができます）。しかし，民法債権法改正によって，「注文者の責めに帰することができない事由によって仕事を完成することができなくなった場合又は仕事の完成前に請負が解除された場合において，既にした仕事の結果のうち，可分な部分の給付によって注文者が利益を受けるときは，その部分を仕事の完成とみなす。この場合において，請負人は，注文者が受ける利益の限度において，報酬を請求することができる。」となります。

 〔請負人の瑕疵担保責任（契約不適合責任）〕
民法改正で，請負人が瑕疵担保責任を負う可能性のある期間が変更になりましたが，契約の際にどのような注意が必要でしょうか。

【Answer】
　請負人が瑕疵担保責任（契約不適合責任）の対象となる期間は，これまで，「成果物の引渡しから1年間」とされていましたが，今回の改正民法では，売主の瑕疵担保責任（契約不適合責任）と時期を揃えることになり，「契約不適合を知ってから1年間」へ起算時点が変更されていますので，要注意です。
　請負人側は，これまでは，引渡しから1年間を経過すれば，この責任を負わなくて済んだのですが，新民法では，引渡しから何年たっていても「契約不適合を知ってから1年間」は責任を負わなければなりません。契約で特別な合意がない場合には，実質的に請負人の瑕疵担保責任（契

約不適合責任）の期間が延長されたことになります。

　ただ，契約上での当事者間の合意が優先することは，これまでのルールと変わりませんので，契約交渉を有利に進めることがより重要になるでしょう。

> 〔民法債権法改正による賠償額の予定の効果〕
> 契約書上での損害賠償額の予定が実際の損害額と乖離がある場合には，これまでは，裁判所は増減できなかったのですが，民法債権法改正によって，裁判所により増減が可能となると聞きましたが，本当でしょうか。

【Answer】

　本当です。

　民法債権法改正によって，賠償額の予定を規定する民法第420条第1項後段「この場合において，裁判所は，その額を増減することができない」が削除される予定です。これにより，民法第420条第1項は，「当事者は，債務の不履行について損害賠償の額を予定することができる」となり，契約書上での損害賠償の予定が実際の損害額と乖離がある場合には，裁判所により増減が可能となります。

さいごに
英文契約書マスターのためのアクションプラン

　英文契約書の重要表現の主要なものを一般条項を含め学習していただきましたが，次のステップとしては，何をすれば良いでしょうか。いきなり複雑な各種の具体的な英文契約書へ行ってしまうと混乱してしまいます。

　そこで，まずは，拙書の日本加除出版刊行の「英文契約書の基本表現」で英文契約書の重要表現をさらに広い範囲で学んで基礎固めをしていただくと良いでしょう。英文契約書の基本表現はせいぜい800と言われていますので，それらをすべてマスターしましょう。

　その次のステップとしては，各種英文契約書のうち基本的な雛形をマスターしていただくということで，秘密保持契約書（Non-Disclosure Agreement=NDA），つぎに，売買基本契約書，ディストリビュータ契約書，ソフトウェアライセンス契約書といった順序で，市販の解説書で勉強すると良いでしょう。拙書DHC刊行の「英文契約書の基礎と実務」などの重要雛形の解説書がありますので，是非活用してください。

　その後は，みなさんが所属する業界に特有な英文契約書を見ていきましょう。基礎をきちんと勉強されているみなさんは，今まで難しいと感じていた英文契約書の一言一句を容易に理解することができるでしょう。それをどんどん積み重ねていけば，スキルも向上し，英文契約の達人（料理と違い釜を使用しないので「鉄人」とは言いませんね）と呼ばれる日も近いでしょう。

　さいごに，グローバル法務パーソンに要求される資質とは何かを考えます。

　企業の国際法務に携わって約35年になります。社内法務部員，法務部長，弁護士・弁理士，大学・大学院教授，研究者などいろいろな立場で関与してきました。業界も，自動車，コンピュータ，IT，金融から始まり，対象国も欧米，アジア，イスラム圏，新興国など多岐にわたる経

験をしてきました。こうした経験を基に，「グローバル法務パーソンに要求される資質とは何か」を考えてみたいと思います。

　第一に，危機管理力もしくは危機認識力であり，法的リスクや問題を早い段階で察知して早期に対処できる能力です。そのためには，世界の要所に人的な情報ネットワークを構築するか，そうした情報が適時に入手できるようにして置く必要があります。

　第二に，総合力あるいはトータル力であり，法律の知識だけではなく，ビジネス，会計，税務，技術等関連分野の知識を備えることで初めて法務の知識が活きてくるのです。

　第三は，バランス力もしくはバランス感覚です。個別のケースにおける是非の判断におけるバランス感覚だけではなく，限られた時間的・予算的リソースをどこに集中的させるべきかのバランス感覚を含みます。

　第四は，契約や紛争解決における交渉力です。日本人はすぐに落としどころを探してしまい，交渉を楽しむ余裕がないと言われます。正面から対立することを恐れずに対立の中から双方にベストな解決策を模索する楽しさをもっと理解すべきです。

　第五は，多様な価値観に裏づけられた広い視野と柔軟性です。海外各国の法令・規則・判例のすべてを詳細に把握することは現実には不可能です。先入観に捉われずに，広い視野と柔軟性で問題認識と解決策の検討に努めるべきでありましょう。

　最後（第六）には，高い倫理意識と清廉性の保持です。利益を挙げられれば多少コンプライアンスを犠牲にしても良いという考えは即刻捨てるべきです。

　それでは，グローバル法務パーソンは，これらの素養をどのように身につけたら良いでしょうか。そのために特別な教育を行うべきでしょうか。重要な点は，これらの素養を意識しつつ日々の仕事に精励すべきで，こうして自身で意識しつつ業務を進めることで自ずと涵養されてくるものでしょう。実は，これらの素養は，グローバル法務パーソンだけではなく，グローバルビジネスに従事するすべての方に，さらにはあらゆる企業の経営者にも必須な素養であることに気がつくでしょう。

INDEX

《 A 》

abbreviations
　短縮 ························· 71
acceleration
　期限の利益の喪失 ············ 107
actual damage
　実損害 ······················ 77
addendum
　覚書 ························ 30
agreement in principle
　原則合意書 ····················· 28
allegation
　主張 ························ 57
alterations
　改変 ························ 71
amendments
　覚書 ························ 30
and/or
　及び/もしくは，及び又は ······· 37
annual minimum purchase volume/
　amount
　年間最低購入数量／金額 ········ 88
annual minimum sales volume/amount
　年間最低販売数量／金額 ········ 88
antisocial forces
　反社会的勢力 ············ 82, 113
appendix
　添付書類，別紙 ················ 92
arbitration
　仲裁条項 ····················· 116
as is
　現状渡し ····················· 179
as provided herein
　本契約で定めた事由によって ···· 63

as the case may be
　場合に応じて ·················· 81
ASAP
　できる限り早く ················ 73
at its own expense
　自らの費用で ················· 36
at its sole discretion
　自己の単独の裁量で ············ 55
at no additional charge
　追加費用なしで ················ 71
at no charge
　無償で ······················ 71
at one's (own) expense
　〜の費用負担で ················ 71
at one's option and in one's sole
　discretion
　〜の選択と単独裁量で ·········· 69
at one's own option
　〜の選択により ················ 69
at the rate of __% per annum
　年__%の利率で ················ 79
at the request of one
　〜の要求に従い ················ 47
at/in one's sole discretion
　〜単独の裁量で ················ 69
attorney fees
　弁護士報酬の敗訴者負担 ······· 122

《 B 》

be substituted for
　〜に代わり ···················· 62
become immediately due and payable
　ただちに支払い期限となる ······ 75
best efforts/best endeavors
　最善の努力をする ·············· 54

INDEX　223

bodily injury
　人身損害 ････････････････ 77
breach of covenant
　誓約違反 ････････････････ 55
breach of duty
　義務違反 ････････････････ 55
breach of obligation
　債務不履行 ･･････････････ 55
breach one's obligation
　債務不履行 ･･････････････ 55
breach or threaten to breach
　違反または違反のおそれがある ･･ 55

《 C 》

carry and maintain
　維持する ････････････････ 92
cause attributable to buyer
　買主に帰すべき原因 ･･････ 134
cause damage to 〜
　〜に損害を被らせる ･･････ 78
child labor
　児童労働の禁止 ･･････････ 120
clearly and conspicuously labeled
　明確かつ顕著な形で ･･････ 92
collectively referred to as
　以下，総称して〜 ････････ 82
come into force
　契約が有効になる ････････ 63
commitment letter
　確約レター ･･････････････ 28
compatible with
　矛盾のない，両立する，互換性がある
　･･････････････････････ 84
compensatory damages
　填補的損害賠償額 ････････ 77
compliance
　法令順守 ････････････････ 120

compromise and settle
　解決する ････････････････ 92
confidentiality
　秘密性，守秘義務 ･･････ 83, 110
confidentiality agreement
　秘密保持契約書 ･･････････ 157
contingent on/upon
　〜を条件とする ･･････････ 46
continue in effect
　〜の間契約が有効である ････ 63
continue in full force
　有効に存続する ･･････････ 63
crime syndicates
　暴力団 ･･････････････････ 82
cumulative loss
　累積損失 ････････････････ 78
currently available version
　最新版 ･･････････････････ 81

《 D 》

damage
　損害 ････････････････････ 77
damage to any property
　物的損害 ････････････････ 77
damages
　損害賠償額 ･･････････････ 77
death of or injury to any person
　人的死傷 ････････････････ 77
deduct and withhold
　控除し源泉徴収する ･･････ 38
deemed to be
　（法的に）みなされる ･･････ 70
direct damage
　直接損害 ････････････････ 77
directly or indirectly
　直接・間接を問わず ･･････ 171
disputes or controversies
　紛争または論争 ･･････････ 92

due to an event beyond its control
　自己の支配を超えた事由によるもの
　　･････････････････････････････ 56

《 E 》

effects of termination
　契約終了の効果 ･･･････････････ 106
enforceable
　（法的に）強制できる ･･･････････ 61
entire agreement
　完全条項 ･･････････････････････ 115
equitable relief
　衡平法上の救済 ･･････････････ 68
except as provided herein
　本契約に定める場合を除き ･･･ 60
exclusive jurisdiction
　専属的裁判管轄 ･････････ 65, 98
exclusive liability
　唯一の責任 ･･････････････････ 58
exclusive property
　排他的財産 ････････････････････ 40
exclusive rights
　独占権 ･･･････････････････････ 146
exclusive sales channel
　独占的販売チャネル ････････････ 66
express or implied warranty
　明示又は黙示の保証 ･･････････ 165

《 F 》

failure to comply with obligation
　義務の不履行 ･････････････････ 56
final agreement
　正式（最終）契約書 ･･････････････ 28
for any reason
　いかなる理由であれ ････････････ 84
for no separate and additional charge
　別途または追加の費用なく ････ 71

for the avoidance of doubt
　疑義を避けるため規定するが ･･･ 48
for the purpose of
　〜を目的として ････････････････ 49
force majeure
　不可抗力 ････････････････････ 112
forthwith
　ただちに ････････････････････ 73
fundamental breach
　重大な契約違反 ･････････････ 55

《 G 》

general conditions of sale
　一般販売条件 ･････････････････ 81
generally accepted practices of the industry
　業界の一般的な慣行 ･･･････････ 87
generally available to the public
　一般に公知になっている ･･････ 74
governing law
　準拠法 ･････････････････････ 121
grant license
　ライセンスを許諾する ･･････････ 67
grant sublicenses
　ライセンスを再許諾する ････････ 67
guaranteed minimum number of orders
　最低保証注文数 ････････････････ 88

《 H 》

have a discount of ___% of the price for the products
　製品の価格から〜％の値引きを受ける ･････････････････････････ 79
have effect
　契約が有効になる ････････････ 63
headings
　見出し ･･････････････････････ 123

INDEX　225

hereinafter referred to as "〜"
　以下〜という ････････････････ 39

《 I 》

immediately
　ただちに ････････････････････ 73
in a professional manner
　専門的に ････････････････････ 52
in a timely manner
　適宜に，適時に ･･････････････ 52
in competition with
　競合する ････････････････････ 35
in consideration of
　〜を対価として，〜を約因として，
　〜と引き換えに ･･････････････ 53
in every ___ months
　〜か月ごとに ････････････････ 75
in force and effect
　効力を持って ････････････････ 63
in good faith
　誠実に ･･････････････････････ 50
in installments
　分割の ･･････････････････････ 80
in one's possession or subject to one's
　control
　〜が保有もしくは管理する ････ 84
in one's possession
　保有する，帰属する ･･････････ 84
incidental damage
　付随的損害 ･･････････････････ 77
incur damage
　損害を被る ･･････････････････ 78
indemnification
　補償 ････････････････････････ 78
indemnify, defend and hold harmless
　〜from/against〜
　から免責し，防御し，補償する ･･ 57

indemnities
　被免責者 ････････････････････ 136
Individual Contract
　個別契約書 ･･････････････････ 27
instantly
　ただちに ････････････････････ 73
irreparable damage
　回復不能な損害 ･･････････････ 77

《 J 》

jointly and severally
　連帯して ････････････････････ 59
jurisdiction
　裁判管轄 ････････････････････ 116

《 L 》

language
　使用言語 ････････････････････ 123
letter of intent
　予備的合意書 ････････････････ 28
letter of understanding
　基本覚書 ････････････････････ 28
liability
　責任 ････････････････････････ 58
licensee
　使用許諾を受ける当事者 ･･････ 67
licensor
　ライセンサー，使用許諾（を与える
　当事）者 ････････････････････ 68
limitation of liability
　責任制限 ････････････････････ 109
loss of anticipated profits
　期待利益の損失 ･･････････････ 77
loss of profit
　逸失利益 ････････････････････ 77
loss or damage to any property
　資産に対する損失もしくは損害 ･･ 78

《 M 》

master agreement
　基本契約書 ････････････････････ 27
material
　重大な ･･････････････････････ 49
material breach
　重大な契約違反 ････････････････ 55
maximum number of orders
　注文数の上限 ･･････････････････ 88
may
　〜する権利がある，〜することがで
　きる ････････････････････････ 36
memorandum
　覚書 ････････････････････････ 28
memorandum of agreement
　合意覚書 ････････････････････ 28
memorandum of intent
　趣意書 ･･････････････････････ 28
memorandum of understanding
　覚書 ････････････････････････ 28
minimum purchase volume or sales
　最低購入義務数量・売上 ･･････ 151
mutual consultation
　相互の協議 ･･････････････････ 50
mutually satisfactory
　相互に満足できる ････････････ 62

《 N 》

no agency
　代理関係 ･･････････････････ 121
no assignment
　契約譲渡の禁止 ･･････････････ 112
non-disclosure agreement
　秘密保持契約書 ････････････ 157
non-exclusive distributor
　非独占的販売店 ･･････････････ 66

non-exclusive jurisdiction
　非専属的裁判管轄 ････････････ 65
non-exclusive rights
　非独占権 ･･････････････････ 146
not legally binding
　法的拘束力のない ････････････ 61
notice
　通知 ･･････････････････････ 119
notwithstanding the foregoing
　前述にもかかわらず ･･････････ 37

《 O 》

on a non-chargeable basis
　無償で ････････････････････ 48
on a non-commitment basis
　確約のあるものではなく ･･････ 48
on a per shipment basis
　出荷単位で ････････････････ 48
on an as-is basis
　現状有姿で ････････････････ 47
on its own responsibility and at its own
　expenses
　自己の責任と費用をもって ･････ 58
on the basis of 〜
　〜を基準として，〜の条件で ･･･ 47
one-time royalty
　1回限りのロイヤリティー ･･････ 79
only for so long as
　〜である間に限り ････････････ 67
outstanding
　未払いの ･･････････････････ 79

《 P 》

payable in one lump sum
　一括支払い ････････････････ 79
payment authorisation
　支払承認 ･･････････････････ 96

INDEX　227

perpetual license
　永久ライセンス ・・・・・・・・・・・・・・ 184
premises
　施設 ・・・・・・・・・・・・・・・・・・・・・・・・・ 46
principal balance
　元本残高 ・・・・・・・・・・・・・・・・・・・・ 79
prior to
　〜の前に ・・・・・・・・・・・・・・・・・・・・ 74
promptly
　早急に ・・・・・・・・・・・・・・・・・・・・・・ 73
protection of personal data
　個人情報の保護 ・・・・・・・・・・・・・ 111
punitive damages
　懲罰的損害賠償額 ・・・・・・・・・・・・ 77

《 R 》

reasonable efforts/endeavors
　合理的な努力をする ・・・・・・・・・・ 54
remain in full force
　〜の間契約が有効である ・・・・・・・・ 63
remain/continue in full force and effect
　〜の間契約が有効である ・・・・・・・・ 63
remedy at law and in equity
　コモン・ローおよび衡平法における
　救済方法 ・・・・・・・・・・・・・・・・・・・・ 67
rendered highly impracticable
　極めて実行不可能となる ・・・・・・・・ 91
rendered impossible
　不可能となる ・・・・・・・・・・・・・・・・ 91
renewed automatically〜
　自動的に延長される ・・・・・・・・・・・ 76
represent and warrant
　表明し，保証する ・・・・・・・・・・・・ 57
reproduce or summarize
　複製又は要約する ・・・・・・・・・・・ 165
reserved to
　に留保されている ・・・・・・・・・・・・ 86

responsibility
　責任 ・・・・・・・・・・・・・・・・・・・・・・・・ 58
return or destruct
　返却又は破棄する ・・・・・・・・・・・ 168
rights of distribution
　販売権 ・・・・・・・・・・・・・・・・・・・・・ 145
royalty-free
　ロイヤリティー負担のない ・・・・・・ 79

《 S 》

sales territory
　販売テリトリー ・・・・・・・・・・・・・・ 145
set forth herein
　本契約に規定されている ・・・・・・・・ 91
set forth in 〜
　〜に記載している ・・・・・・・・・・・・ 91
setoff
　相殺 ・・・・・・・・・・・・・・・・・・・・・・・ 108
severability
　分離性 ・・・・・・・・・・・・・・・・・・・・・ 118
shall
　〜しなければならない，〜するものとする ・・・・・・・・・・・・・・・・・・・・・・ 34
shall not
　〜してはならない, 決して〜ない ・・ 34
simultaneously
　同時に ・・・・・・・・・・・・・・・・・・・・・・ 74
so long as
　〜の限りにおいて ・・・・・・・・・・・・ 43
subject to〜
　〜を条件として，〜に従って ・・・・ 42
survival provisions
　残存条項 ・・・・・・・・・・・・・・・・・・・ 114

【著者紹介】

牧野　和夫（まきの　かずお）

1981年早稲田大学法学部卒。1989年米ゼネラル・モーターズ・インスティチュート経営管理プログラム優等修了。1991年ジョージタウン大学ロースクール法学修士号。1992年米国ミシガン州弁護士登録。2006年弁護士・弁理士登録。2013年ハーバード・ビジネススクール交渉戦略プログラム修了。いすゞ自動車㈱法務部・課長・審議役，アップルコンピュータ法務部長，国士舘大学法学部教授，尚美学園大学大学院客員教授，東京理科大学大学院客員教授，内閣司法制度改革推進本部法曹養成検討会委員，大宮法科大学院大学教授を経て，現在，弁護士・米国ミシガン州弁護士・弁理士（芝綜合法律事務所），英国国立ウェールズ大学経営大学院教授。専門は企業法務（国内外），契約交渉，紛争解決，国内外訴訟，知的財産，情報法（ネット上の法律問題），ライセンス，M&A等多岐に亘る。

著書：『初めての人のための契約書の実務（第2版）』（中央経済社，2016年），『国際取引法と契約実務（第3版）』（中央経済社，2013年），『英文契約書の基礎と実務』（DHC，2012年），『やさしくわかる英文契約書』（日本実業出版社，2009年），『アメリカ法制度と訴訟実務』（レクシスネクシス，2007年）等多数。

初めての人のための英文契約書の実務
■読み方・作り方・交渉の考え方

2016年4月1日　第1版第1刷発行
2018年4月30日　第1版第3刷発行

著　者　牧　野　和　夫
発行者　山　本　　　継
発行所　㈱中央経済社
発売元　㈱中央経済グループ
　　　　　パブリッシング

〒101-0051　東京都千代田区神田神保町1-31-2
電話　03（3293）3371（編集代表）
　　　03（3293）3381（営業代表）
http://www.chuokeizai.co.jp/
印刷／東光整版印刷㈱
製本／㈲井上製本所

©2016
Printed in Japan

＊頁の「欠落」や「順序違い」などがありましたらお取り替えいたしますので発売元までご送付ください。（送料小社負担）
ISBN978-4-502-17821-4　C3032

JCOPY〈出版者著作権管理機構委託出版物〉本書を無断で複写複製（コピー）することは，著作権法上の例外を除き，禁じられています。本書をコピーされる場合は事前に出版者著作権管理機構（JCOPY）の許諾を受けてください。
JCOPY〈http://www.jcopy.or.jp　eメール：info@jcopy.or.jp　電話：03-3513-6969〉

《 T 》

take appropriate countermeasures/
measures against 〜
〜に対し適切な対応策／措置を講じる ･･････････････････････ 83

take precedence over 〜
に優先して ････････････････ 83

term
契約期間 ･･･････････････ 103

terminafe with immediate effect
ただちに解除する ･････････ 61

terminate
解除，終了 ･･････････････ 73

termination
契約解除，契約終了 ･･･････ 104

terms & conditions
一般取引条件 ････････････ 93

through good faith negotiation
誠実な協議を通じて ･･･････ 50

time be of the essence
期限は必須要件である ･････ 75

to (the extent of) ones' knowledge,
〜の知る限りでは， ･･･････ 50

to the contrary
反対の，矛盾する ･････････ 85

to the extent allowed by applicable law
適用法により認められる範囲で ･･ 45

to the extent that
〜の限りにおいて，〜の範囲では 43

《 U 》

unenforceable
強制しえない ････････････ 61

unless otherwise agreed (in writing)
別途（書面）同意がない限り ････ 44

using at least the same degree of care
と同等以上の注意 ････････ 51

《 V 》

validity or accuracy
有効性もしくは正確性 ･･････････ 74

《 W 》

waiver
権利放棄 ･･････････････ 122

warranty period
保証期間 ･･････････････ 69

warranty
保証 ････････････････ 108

whether or not
〜であるか否かを問わず ･･････ 37

wholly owned subsidiaries
完全子会社 ･･･････････ 67

with the care of a good manager, with the due care of a good manager
善良な管理者の注意をもって ････ 51

within (a) reasonable time
合理的な時間内に ････････ 73

within a period of __ days from〜
〜から__日以内に ･･････････ 76

without delay
遅滞なく ･･････････････ 73

without notice
通知なく ･･････････････ 53

without prior written notice
事前書面通知なくして ･････････ 75